ChatGPTで英語学習を10倍効率化

AI英語革命

谷口恵子
Keiko Taniguchi

CHAPTER 0

はじめに

ChatGPTで英語学習の効果が10倍になる！

「ChatGPTの登場により、英語学習に革命が起きた」。

これは決して大げさでなく、ChatGPTにより英語学習はかつてないほど効率的になり、従来と比べてその学習効果は10倍以上になる――まさに「革命が起きた」と思っています。

これまでの英語学習といえば、文法や試験対策などはテキストを買って自分で勉強し、スピーキング力を鍛えるには、英会話スクールに行ったり、オンライン英会話をしたりするのが主流でした。英語学習アプリもいろいろ出ていますから、アプリを駆使しながらリスニングのトレーニングをしたり、ニュース記事を読んだり、単語暗記をしていた人もいるでしょう。

このどれもが間違ったやり方というわけではありません。しかし、これらは全て、ChatGPTひとつあればできるようになってしまいました。しかも、それだけではありません。ChatGPTの登場は次の点において、英語学習に革命をもたらしたのです。

①英語学習を完全に個別化できる
②24時間いつでもどこでも自分専用の英語の先生になってくれる
③英語でのコミュニケーションが得意なAIである

どういうことなのか、それぞれについて簡単に説明していきましょう。

英語学習を完全に個別化できる

「学習内容やペースを学習者ごとに個別化することで学習効果が高まる」ことはよく知られていますが、これまでの英語学習ではその個別化が困難でした。市販のテキストでは、たとえば試験問題の解説ページを読んで理解しきれないところがあったとしても、それ以上は誰にも聞けません。また、毎日リスニングをしていたとしても、内容によっては「こんなシチュエーションは絶対に訪れないだろうな……」と思いながらリスニング練習をした経験のある方もいらっしゃるのではないでしょうか。

個別化された学習のためには、英会話教室のマンツーマンレッスンなどもありますが、費用は高額です。安価なオンライン英会話を利用したとしても、いずれもレッスンは数十分～1時間。正直、全くもって不十分です。

しかし、**ChatGPTを活用することで、「学習の個別化」が実現されました。** たとえば、英文を読んでいてわからない表現が出てきたとき、ChatGPTに質問すればすぐ答えてくれます。英文の文構造が複雑で理解できないとき、その英文をChatGPTに貼り付けて「文法を解説してください」と頼めば、文構造を教えてくれます。自分の作ったどんな英作文も添削してくれますし、音声入力も可能なので、自分の好きなテーマで英会話の練習もできてしまいます。

今までに、これほどインタラクティブな英語学習の方法があったでしょうか？ ChatGPTを活用して、個別の質問や要望に瞬時に対応してもらえる経験をすると、そのあまりの便利さに感動を覚えると同時に、これまでの英語学習がいかに非効率的だったかと痛感するほどです。

24時間いつでもどこでも自分専用の英語の先生になってくれる

ChatGPTはAIですから、24時間いつでもどこでも、質問をしたり話しかけたりすることが可能です。 先ほど、1時間程度の英会話レッスンでは不十分だと言いましたが、ChatGPTはたとえ夜中でも嫌な顔ひとつせずに即答してくれるので、非常にありがたい存在です。

反対に、たとえばChatGPTと英会話練習をしていて、こちらがすぐに答えられなくても、ChatGPTが急かしてくることはありません。リアルなレッスンであれば、先生を相手にすると、すぐに英語で答えられないことに焦ったり緊張したりしますよね。でも、ChatGPT相手であれば気にしなくていいので、気軽にやりとりができます。また、レッスンでは遠慮してしまい、あまり先生に質問できなかった人でも、**ChatGPTであれば自分が納得のいくまで質問することができるでしょう**。

英語でのコミュニケーションが得意なAIである

いくらAIといっても、「リアルな人と話すレベルのナチュラルな会話は無理でしょう?」「英文を添削してくれるといっても、添削内容は本当に正しいの?」と、ChatGPTの質についての疑問を抱いている方もいるかもしれません。しかし、ChatGPTの英語力の高さは素晴らしいです。**人間と遜色ないナチュラルな会話ができますし、添削のレベルも明らかな間違いの指摘のみならず、より自然な表現や言い回しの提案などもしてくれます**。

それは、ChatGPTが「大規模言語モデル」という、大量の言語を学習して、それをベースに言葉を生成していくAIツールだからです。世界中の大量の文字情報の中で多くを占めるのは英語の情報ですから、ChatGPTは英語が得意なのです。同時に、GPT-4(有料版)では日本語の質も非常に高くなっていますから、日本語での質問や解説もAIとは思えないようなナチュラルさです。

「自分はITに詳しくないし……」「AIとかなんだか少し難しそう」と思っている方も安心してください。**ChatGPTを活用するのに、特別な知識は必要ありません**。対話型AIなので、ただチャットをする感覚で使えます。また、本書では英語力のレベルも問いません。従来のテキストのように、決まったレベルがあったり、「ビジネス英語」「トラベル英会話」のようにジャンルが決まっているわけでもありません。**自分のレベルで、自分の好きなテーマで、自分専用の英語の先生としてChatGPTを活用していきましょう**。

本書は、頭から全て読まなくても、英会話、リーディング、ライティング……など、自分が学習したいところから使えるようになっています。まずは目次をざっと見て気になるページを読んでもいいでしょう。ぜひ本書を参考に、自分のレベルやニーズをうまくChatGPTに伝えて、英語学習に100%活用し尽くしましょう。

きっと、あなたの英語学習に革命が起きますよ！

2023年7月吉日
谷口 恵子

本書の内容・本書の使い方

◆第 1 章

ChatGPT を英語学習に活用すべき理由、ChatGPT の始め方、ChatGPT の無料版と有料版の違いなどを説明します。すでにこうした基本的なことがわかっている方は第 2 章以降の実際の活用法をお読みください。

◆第 2 章〜第 8 章

英会話練習、リーディング、ライティング、リスニング、単語、試験対策、英文法の 7 つのカテゴリに分けて、具体的な活用法、プロンプト（ChatGPT への指示文）例、回答例、そしてプロンプトの型を紹介します。自分が優先的に習得したいカテゴリや気になる活用法から読んでいただいて構いません。ぜひ、読むだけでなく、実際に ChatGPT を使って、プロンプトのコツを習得してください。

◆巻末付録　英語学習を10倍加速するChatGPTプロンプトリスト

本書で紹介した ChatGPT へのプロンプトをまとめて掲載しています。また、プロンプトリストはウェブサイトからもダウンロードしていただけます。Excel 形式・Google スプレッドシート形式でお使いいただけます。そのままコピー＆ペーストができて便利ですので、ぜひご活用ください。

ChatGPT・AI 最新情報掲載ウェブサイトのご案内

以下のウェブサイトから、本書出版後の ChatGPT やその他の生成 AI に関する最新情報、著者の谷口恵子のセミナー・講演情報などをご確認いただけます。ChatGPT やその他の生成 AI の進化はとても速く、本書の改訂では追いつかないこともありますので、重要な最新情報はぜひウェブサイトでもご確認ください。

ウェブサイト URL

https://pbook.info/chatgpt-english

以下の QR コードを読み込むことで、ウェブサイトを開くことができます。

CONTENTS

第5章 ChatGPTでリスニングを学ぶ

第6章 ChatGPTで単語を覚える

第7章 ChatGPTで試験対策をする

第8章 ChatGPT で英文法を学ぶ

特別付録

『AIが変える英語学習』

CHAPTER 01

CHAPTER 01

AIが変える英語学習

ChatGPTの衝撃

「AI革命」の始まり――それは、2022年11月30日のChatGPT登場でした。

それまでのAIにはできなかった自然言語での対話。そして、その返答の賢さに、使ってみた全ての人が驚愕しました。そして、映画などで見たAIと共生する未来が、近い将来、現実になることを予感するようになりました。

特にこれまで「AI」というものに関心がなかった人の間でも、仕事や教育現場において、無視できないレベルの変化が起きそうだ、と感じる人が多く出てきました。ネット上ではかなり早い段階から、アンテナの高い人たちがChatGPTの活用法をシェアし始めていましたが、徐々にテレビや雑誌なども取り上げ始めました。年齢や職業に関わらず、ChatGPTを始めとする生成AIの情報を得ようとする人がどんどん増えています。「インターネットが誕生して以来の大変化だ」と言う人もいます。

こうした変化についていこうとする人たち、前向きに使って活かしていこうとする人たちがいる一方、変化を恐れて無視したり禁止したりしようとする人たちもいます。いずれにしても、大きな社会への影響があることは間違いありません。

英語学習について言えば、ChatGPTがリリースされてすぐ、自然言語での対話が得意なことから、特に英語学習に使うと相性が良さそうだと英語指導者の間で話題になりました。実際に英語学習に使ってみると、さまざまな方法で活用できることがわかります。ChatGPTは英語の指導方法を変え、学習者の独学を効率的にし、教材の自作を可能にします。ChatGPTの活用が広がるにつれて、英語学習は、これまでとはすっかり形を変えていくでしょう。英語習得に近道はないと言われてきましたが、**私は今では「ChatGPT を活用することが英語習得の近道」と断言できます。**

この AI 革命は始まったばかりで、AI の進化はとどまるところを知りません。今はまだ、ChatGPT や Bing、Bard など、特定の AI ツールとして存在している状況ですが、だんだん、私たちが日常的に使う Word、Excel、PowerPoint や、Google ドキュメント、スプレッドシートなどのソフトウェアに AI 機能が搭載されたり、さまざまなアプリの一部として AI が使えるようになって、より身近な存在になっていきます。誰もが「AI を使っている」という意識なしに、AI を使う時代になっていくでしょう。

そうなる前の、この AI 黎明期に ChatGPT を実際に使ってみることで、とても大事な力を身につけることができると考えています。それは「AI の特性を知り、活用する力」です。それは、これから本格的にやってくる AI 共生時代に欠かせない力です。

これから生まれてくる子どもたちは「AI ネイティブ」になります。生まれながらに AI が身近にあり、特に学ばなくても AI の特性を自然と知って、うまく付き合っていくことができるでしょう。しかし、「AI がなかった時代」に生まれた私たちは違います。意識的に AI を使い、試行錯誤して、AI をうまく使いこなす方法を学ぶ必要があります。もしかすると、AI がない時代を知っているからこそ、AI ネイティブとなる子どもたちに教えてあげられることもあるかもしれません。しかし、それができるのは AI を使って、その得意なこと、不得意なことを知っている人だけです。

この本を手に取ってくださったあなたは、きっと前向きに AI を活用する方法を知りたいと思っている方だと思います。その好奇心と学習意欲こそが、AI 活用力の基礎となります。もう AI がなかった時代に後戻りすることはありません。ぜひ、あなたのその力を活かして、AI と共生する未来を明るいものにしていきましょう。

ChatGPT を英語学習に活用すべき理由

ChatGPT を使うと、英語学習の効果を 10 倍にすることができます。ですから、英語学習をしている人には、どなたにも必ず ChatGPT を活用いただきたいのです。これまでに存在した、どんなアプリや英語学習ツール、教材とも比較になりません。極論を言えば、**ChatGPT だけを使っても、効果的な英語学習ができます**。なぜでしょうか。

ChatGPT は「大規模言語モデル」の AI です。アメリカの OpenAI という人工知能の研究・開発をしている団体が作った AI ツールです。仕組みとしては、大量の言語データを学習し、それをもとに、確率的につながりやすい言葉を出力して返答しています。いわゆる自然言語処理技術を駆使した AI チャットボットで、まるで人間のように発話を行うことができるのが特徴です。つまり、プログラミング言語や特殊な方法で指示をしなくても、人に話しかけるのと同じような自然な言葉で対話をすることができます。

また、ChatGPT は、英語と日本語のように、複数の言語をまたがって、シームレスに会話ができます。ChatGPT と英会話の練習をしている最中にわからない単語が出てきたら「exceed はどういう意味ですか?」と日本語で聞けば、「ここでの exceed は『超える』『上回る』という意味です」というように、日本語で説明してくれます。

そして、とても複雑なリクエストや質問にも答えてくれます。今までにもアレクサや Siri のような AI を利用したチャットボットはありましたが、それらは簡単な質問に答えてくれるだけで、基本的には一問一答のやり取りだけでした。しかし、ChatGPT はかなり複雑で高度なやり取りを連続して行うことができます。決して意味を理解して会話をしているわけではないのですが、まるで非常に賢い人と会話をしているような印象を受けます。

たとえば「ロールプレイで英会話の練習をしましょう。あなたはカナダから来た観光客で、池袋駅でどの改札に行けばいいのかわからず困っています。私はそこを通りがかり、あなたに英語で話しかけます。How can I help you?」とChatGPTに入力すれば、以下のように返ってきます。

Oh, thank you for stopping. I'm a bit lost right now. I just arrived from Canada and I'm trying to find the right gate at Ikebukuro Station. Could you guide me, please?

このように、ロールプレイで役割を設定し、状況を説明して、英会話練習をすることが可能なのです。そして、会話をどんどん続けていくことができるので、とても実践的な練習ができます。

そのほかにも、条件を設定して英語の長文を作ってもらったり、自分の英作文を添削してもらったり、英語の長文から難しい単語のリストを抽出してもらったり、文法の解説をしてもらったり、テスト問題を作ってもらったりと、ChatGPTを使って本当に幅広い英語学習をすることができます。

ChatGPTを活用すると英語学習の効果が何倍にもなる大きな理由として、「学習の個別化」が可能になる、ということがあります。ChatGPTは学習者の個別のニーズ、興味関心、レベルに対応してくれるため、従来の学習方法よりも格段に効率的に英語力を上げていくことができるのです。具体的には、以下のような個別化が可能です。

・学習者がわからないことを質問すると答えてくれて、さらに深掘りして質問をすることもできる
・学習者の指定したレベルに合わせて、難易度を調整して英文を作ってくれたり、英会話をしてくれたりする
・学習者の指定した状況でロールプレイをしたり、会話練習をしたりすることができる
・学習者の興味関心のあるテーマで英文を作ってくれる
・学習者が覚えたい単語を入れて英文を作ってくれる
・学習者が受けたい試験に似た練習問題を作ってくれる

これらはChatGPTでできることのほんの一部です。こうした学習の個別化により、学習効果は飛躍的に上がります。もう市販の教材や英会話スクールの用意したカリキュラムに合わせて学習する必要はなく、**学習者自身が自分のニーズや興味関心に合わせてChatGPTに教材を作ってもらったり、自分だけの先生になってもらったりできる時代が来たのです。**そして、疑問に思ったときにすぐに質問ができて、タイムリーな学習ができるという点も、学習効果の面で非常に大きな意味があります。関心があるそのときにインプットできることで、新しい内容を吸収できる度合いが飛躍的に高まるのです。

また、ChatGPTは、今までの教材や単語帳を使った学習方法に比べて、より実践的でリアルな学習を提供してくれます。従来の学習方法では、英語教材を読んだり、単語帳を暗記することが主流でした。英会話練習をしたいときには、英会話スクールに通ったり、オンライン英会話を受けたりして、生の英語に触れることも可能ですが、お金がかかりますし、限られた短い時間しかできませんでした。それが、**ChatGPTを使うことで、いつでもどこでも、好きなときに好きなだけネイティブの先生と英会話をするような体験ができるようになりました。**また、ChatGPTが相手だと、どれだけ間違えても恥ずかしい思いをしないですむので、ちょっとシャイな方や、間違えると恥ずかしいと思ってなかなか話せない方の英会話の練習に最適なツールです。

ChatGPTの登場により、英語学習分野に大きな変革が起きることは間違いありません。いえ、もう革命は始まっています。先進的な先生たちは、すでにChatGPTを英語教育の現場で使い始めています。生徒たちに使い方を教えて、自分で学ぶ力を伸ばすことに活かしたり、自分が教材や試験問題を作成する際に活用して、その質を上げたりすることに使っています。

生成AIの技術の進化は止まらず、今後もより高度な英語学習が可能になることが期待されています。これまでは文字でのやり取りが中心でしたが、ChatGPTの公式アプリでは音声会話もできるようになり、よりリアルな英会話の練習ができるようになりました。

急にChatGPTのような便利なツールが出現して、戸惑っている方もいるかもしれません。使い方がわからず、まだ触っていない方もいるかもしれません。でも、自分が生きているこの時代に、このような大きな変化に立ち会えたことは幸運だと思いませんか？

ChatGPTは、あくまで大規模言語モデル、生成AIです。意志を持って積極的に私たちに何かをしてくれるわけではありません。でも、私たちが「こういうことに使いたい」と思って工夫すれば、使い方次第で、できることは無限にあります。

この本では、ChatGPTを英語学習にどう活用できるのか、具体的な利用例やプロンプト（指示文）をご紹介します。これを参考にして、ぜひ自分なりの使い方を考えて、試してみてください。

ChatGPT 活用は全ての英語学習者におすすめ

英語を学習している方には全員、ChatGPT を活用いただきたいと思っています。初心者から上級者まで、自分のレベルや目的に合わせて ChatGPT を使いこなすことで、英語学習の効果を何倍にも上げることができます。

初心者がちょっと難しいテキストを使って意味がわからなくて困ったり、上級者が易しすぎる教材を買ってしまって学習がつまらなくなってしまう、といったことも、ChatGPT なら起こりません。自分でレベルを指定したり、調整したりすることができるからです。

特に以下に当てはまる方は、ChatGPT を使うことで、自分の英語学習がすっかり変わり、効果が上がることを早めに実感できると思います。

①英語で人と話すのが恥ずかしかったり、遠慮して納得いくまで先生に質問ができなかったりする方

▶▶▶ ChatGPT を使えば恥ずかしい思いをせずに好きなだけ話せて、納得いくまで質問することができます。

②使えるツールを活用して英語学習の効果を何倍にも上げたいと思っている方

▶▶▶ ChatGPT を使うと、自分のニーズやレベル、状況に合わせて必要な学習を優先的に行うことができるので、英語学習の効果が何倍にも上がります。

③できるだけ独学で英語を習得したいと思っている方

▶▶▶ ChatGPT を使いこなせば、常に自分専用の先生がついていてくれるようなもの。独学での英語習得にぴったりです。

④これまで英語学習がなかなか続かなかった方

▶▶▶ ChatGPTなら「英語学習」と思わずに、友だちのように楽しく英会話を続けることができます。また、費用面や時間の制約があって続けられなかった方も、ChatGPTなら無料または格安で、そして24時間いつでも先生になってくれて継続しやすくなります。楽しみながら英語を習得したい方にぴったりです。

ChatGPTを活用するのに、現在の英語レベルは問いません。本書の実際の利用例の中には、少し難しい単語や表現も出てくるかもしれませんが、参考に日本語訳も付けていますので、ぜひわからない単語や表現は確認しながら読み進めてみてください。

本書は、英語を学習している方ならどなたにも役立つ内容となっています。英会話、リーディング、ライティングなど、カテゴリごとに活用法を分けていますので、自分にとって必要なものから読んでいただいて構いません。
また、特にITの知識も必要ありません。前述のように、ChatGPTはプログラミング言語などの知識なしに、誰でも使えるツールです。安心して、本書を読み進めてください。

ChatGPT の始め方

ChatGPT は、アカウント登録をすればすぐに使い始めることができます。以下の手順でアカウント登録をして、今日から使い始めましょう。

①公式サイトへ行く
https://chat.openai.com/

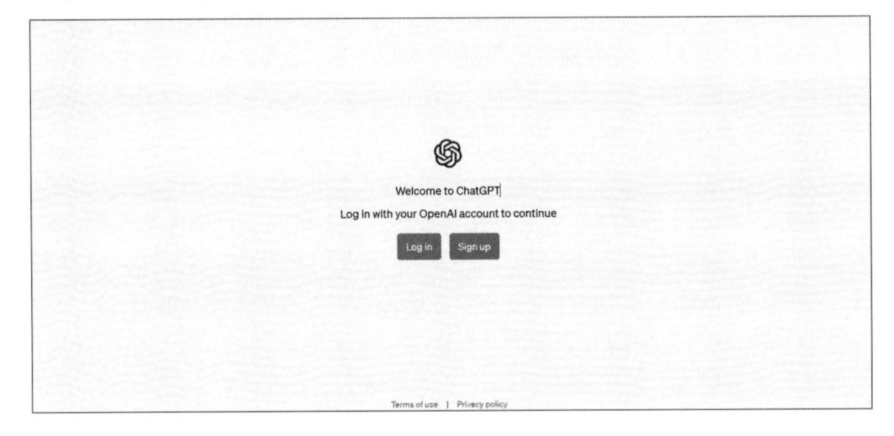

②「Sign up」ボタンでアカウントを作成する

Create your account

Note that phone verification may be required for signup. Your number will only be used to verify your identity for security purposes.

Email address

Continue

Already have an account? Log in

OR

Continue with Google

Continue with Microsoft Account

Continue with Apple

メールアドレスでアカウントを新規登録するか、Google、Microsoft、Apple のアカウントと連携させます。

ChatGPT は有料版を使おう

ChatGPT には無料版と有料版があります。大きな違いは、有料版では上位バージョンの GPT-4 が選択できるということですが、それ以外にもプラグインと呼ばれる拡張機能や Web Browsing 機能、画像生成機能が使えるというメリットがあります。主な違いを以下にまとめます。

	無料版	有料版
使える バージョン	GPT-3.5 のみ	GPT-3.5 GPT-4
最新情報への アクセス	不可 2021 年 9 月までの学習データをもとに回答するのみ	可 Web Browsing 機能や プラグインで 最新情報も得られる
プラグイン	無し	有り さまざまな機能と連携可
回答の質	低い	高い
日本語の精度	やや低い	かなり高い

GPT-3.5とGPT-4の違いが気になる方もいるかもしれません。一番の違いは回答の質の高さです。いわゆる「賢さ」が違います。たとえば英語の小説を書いてください、と言った場合、GPT-3.5ではかなり幼稚な、たいしたプロットもない物語しか書いてくれませんが、GPT-4では、読み応えのある小説を作ってくれます。実際にChatGPTを使っている人の間では、**GPT-3.5とGPT-4は小学生と「優秀なビジネスパーソン」くらいの違いがある、**と言われています。

また、日本語を含めて、英語以外の言語の精度も格段に上がっています。それから、入力、出力できる文字量が、GPT-4のほうが長くなっています。文字数ではなく「トークン」という単位で扱える文字量が決まっていますので、一概に何文字とは言えないのですが、GPT-4のほうがGPT-3.5よりも倍くらい長い量の文章を入力、出力することが可能です。

有料版が出てきた2023年3月当初は、有料版のメリットと言えば精度が高いことと、利用が集中したときに優先的にアクセスができることくらいでした。しかし、2023年5月から、有料版により大きなメリットが生まれました。それは、Web Browsing機能とプラグインが使えるようになったことです。これまでのChatGPTの大きな課題であった、最新情報にアクセスができないという点が、これで解消されたのです。また、プラグインも動画を要約したり、図解をしたり、PDFを読み込んだりと、さまざまなプラグインがあります。

ChatGPTを英語学習に活用したい方には、ぜひ有料版を使っていただきたいと思います。前述のとおり、無料版よりもかなり賢い回答をしてきますし、日本語の精度も高いので、日本語で質問や指示をしたときの回答が求めているものに近くなります。特に文法の説明や、日本語での詳しい解説を求めたときには、無料版と有料版で差が出ます。

有料版の価格は2023年12月現在、月20ドルです（アプリ版から有料に切り替えた場合は月3000円）。たったの3000円で、24時間、英語ネイティブで日本語もできる優秀な先生が隣にいてくれる状態を作れると思えば、激安です。ぜひ、有料版を使ってください。

ChatGPTの活用のコツ

ChatGPTは使えばいいというものではなく、その特徴を活かして、コツをおさえて使うことで、フルに活用することができます。

①日本語より英語が得意

ChatGPTは複数の言語に対応していて、日本語力もかなり高いです。ただ、やはり学習したデータの中で多くを占めるのが英語のデータだということもあり、日本語より英語のほうが少し得意です。英会話をたくさんする、英語で質問をする、といった使い方をすることで、英語力を上げることができますので、ぜひ英語でどんどん質問するようにしましょう。事実に関しても日本語で聞くと間違っていて、同じことを英語で聞くと正しい答えが返ってくることがあります。

②聞くたびに違う答えが返ってくる

ChatGPTは、データベースからデータを取り出してそのまま答えているわけではなく、指示や質問をされる度に回答を生成しているため、全く同じ質問やリクエストをしても、毎回違う答えが返ってきます。ですので、英語の例文や長文、問題を作ってもらうのにとても適しています。

③意図した回答が返ってこないこともある

ChatGPTから意図した回答が返ってくるとは限りません。それはプロンプト(指示文)の問題かもしれませんし、ChatGPT側がうまく回答を生成できていないのかもしれません。そんなときには質問の仕方を変えたり、追加で条件を指定したりすると、意図した答えが返ってくることが多いです。

④回答の精度が落ちてくることがある

同一の会話内で質問やリクエストを繰り返していると、だんだん回答の精度が落ちてくることがあります。そのようなときには「Regenerate response」ボタンで違う回答を生成したり、それでもだめなら、左上の「New Chat」ボタンで新しい会話画面を開いて、会話を始めましょう。

⑤前の会話を忘れてしまうこともある

同一の会話内では連続して対話ができます。ですので、最初の指示文で「こういう条件で会話をしてください」のように指定して、それを守って会話を続けてもらうことができます。ChatGPTが前に話したことを覚えているので、続けて質問をしたり解説を求めたりすることができるわけです。ただ、ときどき前に話したことを忘れてしまうこともあります。そのようなときには「先ほど作ってくれた○○に関する英文を要約してください」のように、ChatGPTが特定しやすい形で質問をするようにしましょう。

⑥回答が途中で止まってしまうことがある

長い回答を生成しているときに、途中で回答が止まってしまうことがあります。そのようなとき、「Continue generating」ボタンが表示されていれば、それをクリックすると回答を続けてくれます。そのボタンが表示されていないときには「続けてください」と入力すると、回答を続けてくれます。

以上のようなコツを身につけて、ChatGPTを強力な英語学習のパートナーにしましょう。

今日からChatGPTを英語学習に使い始めよう

本書を活用いただくと、以下のような効果が得られます。

① ChatGPTという、とても便利なAIツールの特徴や英語学習への活用方法を知ることができます。
②豊富な指示文（プロンプト）の例を参考にして、自分でも適切な指示文を作れるようになります。
③ ChatGPTを活用して、リーディング、ライティング、ボキャビル（単語学習）などの英語学習が独学で進めやすくなります。
④ ChatGPTを活用することで、時間や場所にこだわらず、英語学習の時間を増やすことができるようになります。
⑤自分のニーズやレベルに合った英語学習が可能になり、英語学習の効率を何倍にも上げることができます。

一つお願いしたいことがあります。**本書は「読み物」ではありません。本書を参考に、実際にChatGPTを使ってみることで、初めてChatGPTを活用できるようになります。**本書を読みながら、あるいは読み終えたらすぐに、ChatGPTを使い始めてください。

ChatGPT以外の自然言語AIでも使える

本書では、ChatGPTにプロンプトを入力して、期待する回答を得られた活用法や会話例を紹介しています。しかし、ChatGPT以外の自然言語処理を使った大規模言語モデルのAIも色々出てきています。現時点では、GoogleのBardやMicrosoftのBingなどがあります。今後も、さまざまなAIツールが出てくるでしょう。

基本的には、自然言語処理を使ったAIツールであれば、同じように自然な言葉でプロンプトを入力して使うことができます。ただ、現時点では、本書で紹介しているようにChatGPTが最も回答の質が高く、特に複雑なリクエストに対して期待した回答を返してきます。
まずはChatGPTを使ってみて、その後、これから出てくるAIツールの最新情報もぜひチェックして、自分の使いやすいツールを見つけてくださいね。

ChatGPTを使う際の注意点

ChatGPTを使う際には、その特徴をよく知った上で使うことが必要です。ここでは3個の注意点をあげます。

①入力したデータは学習に使われる

ChatGPTは大量の言語データを「学習」して、それを参考に回答を生成しています。ChatGPTに入力したデータは、ChatGPTの学習データとして使われる可能性があるので、機密情報や個人情報は入力しないようにしましょう。気になる方は、

Settings → Data Controls → Chat history & training

の項目をオフにすることで、入力データを学習に使わせないようにすることができます。ただし、この場合には会話履歴が保存されません。

②事実に関しては間違えることも多い

ChatGPTは、あらゆる質問に答えてくれますが、事実に関するデータベースを持っているわけではありません。学習した大量の言語データをベースにして、一番確率的につながる可能性の高い言葉を出力しています。そのため、

ときには簡単な質問であっても、間違えることがあります。事実に関しては ChatGPT の回答を鵜呑みにせず、他の情報から確認するようにしましょう。ただし、ChatGPT の有料版の Web Browsing 機能や、辞書的な機能を持つプラグインを併せて使うことで、回答の精度を上げることができます。

③最新情報には弱い

ChatGPT は基本的に 2021 年 9 月までの言語データを学習していると言われています。そのため、それ以降の情報を聞いたときには「申し訳ありませんが、私の知識は 2021 年までの情報に限られています」のような返答が返ってきます。ただし、これも有料版の Web Browsing 機能や、ウェブ検索と連携するプラグインを併せて使うことで、解消することができます。

Web Browsing 機能の使い方

1. New Chat 画面の上部の「ChatGPT 4」という部分をクリックし「GPT-4」を選ぶ
2. プロンプトの中に「ウェブ検索をしてください」を含める。

＊明示的に「ウェブ検索をしてください」と入力しなくても、最新のニュースなどを聞くと、自動で Web Browsing 機能が動くことがあります。

プラグインの使い方

1. Settings の Beta Features で Plugins をオンにしておく
2. New Chat 画面の上部の「ChatGPT 4」という部分をクリックし「Plugins」を選ぶ
3. Plugin store から使いたいプラグインを選んで Install
4. プラグインを使いたいときに、そのプラグインを有効にする（同時に有効にできるプラグインは 3 つまで）

では、次の章から、具体的な活用方法をお伝えしていきます。

ChatGPTで英会話を練習する

CHAPTER 02

ChatGPTで英会話を練習する

「英語ができるようになりたい＝英会話ができるようになりたい」と言っても過言ではないほど、英語を話せるようになることに憧れを抱いている方は非常に多いのではないでしょうか。しかし一方で、**英語学習の中で最も学習のハードルが高いのが「英会話」です。**ひとりでは学習するのが難しく、英会話スクールに通ったり、オンライン英会話を受けたりして練習してきた方もいると思います。しかし、週に数回、数十分ずつ話すだけでは、なかなか上達を感じにくいでしょう。また、教材に載っている例文は、自分に馴染みのある内容とは限らず、せっかく練習しても使う場面がない、ということも多いと思います。

私はこれまで、タニケイ式シリーズとして英語学習の書籍を4冊出版しており、リスニング、リーディング、発音、TOEIC対策と、私が本当におすすめできる方法を紹介してきました。ただ、最も需要が高いはずの「英会話」における最善の学習法は、なかなか見つけられずにいました。というのも、**英会話においては実際に使用しそうな状況や内容が人によって異なる**からです。自分が実際には使いそうもない英文で英会話の練習をするような、非効率的なことはおすすめしたくありませんでした。

しかし、ChatGPTが登場したことで、この悩みは解決されました。**ChatGPTにより、これまではできなかった、自分の状況やニーズに合わせた個別化された英会話練習ができるようになったからです。**あらかじめ決まった曜日や時間に英会話スクールに行ったり、オンライン英会話を予約して利用しなくても、**自分ひとりで、好きな時間に好きな場所で好きなだけ英語を話せて、ChatGPTが瞬時にレスポンスをくれる**——こんな便利な英会話の練習方法は他にありません。

ChatGPTは文字ベースのAIですが、スマホアプリや拡張機能を使えば、音声での英会話練習も可能です。詳細は後ほど説明しますが、音声入力機能を使うことで、必然的に「自分の発音がきちんと認識されるかどうか＝発音がきれいかどうか」を確認することができます。

それから、ただ英会話を楽しむだけでなく、**ChatGPTに自分の英語のミスを指摘してもらったり、さまざまな英語表現を教えてもらうこともできます。**

有能な英語の先生が24時間一緒にいてくれて、いつでも会話をしたり英語を教えてくれるような感覚です。

また、英会話の練習では、実際の場面を想定して「このテーマではどんな会話が展開されるのか」「相手からどんな質問をされるのか」を練習しておくことが効果的です。事前に会話に出てきそうな単語や表現をインプットして、さっと口に出せるようにしておくことで、本番の英会話でもスムーズに話せるようになるのです。ChatGPTを使えば、テーマに沿った会話文を作ってもらったり、ロールプレイに付き合ってもらうことができるので、市販の参考書やテキストで練習するよりも、自分に必要な単語や表現を優先的にインプットすることができます。

こうした個人に合わせた学習を、ひとつのツールで、しかも瞬間的に行ってくれるのは本当に嬉しいですね。すでに英会話スクールに通っている方や、オンライン英会話を受講している方は、それと並行して、あるいはその準備段階での練習として、このChatGPTとの英会話を活用してください。

この章では、ChatGPTを使ってできる英会話の練習方法をいくつか紹介していきます。さあ、ChatGPTと共に、新たな英会話練習の扉を開きましょう。

この章で紹介するChatGPT活用法はこちら

01. 英会話を無限に楽しむ
02. わからない単語を質問しながら英会話をする
03. 英語表現を教えてもらいながら英会話をする
04. 音声で英会話をする
05. 会話をしながら英語の誤りを指摘してもらう
06.「より自然な英語表現」を教えてもらう
07. 会話文を作ってもらう
08. 表現の意味や他の使い方を教えてもらう
09. ロールプレイをする
10. 瞬間英作文の練習をする

01 英会話を無限に楽しむ

ChatGPT を使った英会話の練習で一番使いやすくシンプルな方法は、「ChatGPT を相手に好きなだけ英会話をする」ことです。ChatGPT に会話の相手役になってもらい、自分の好きなテーマで会話ができます。自分の言ったことに対して瞬時に返事が来て、しかも AI とは思えないほどナチュラルに返事をしてくれるので、本当に人と会話をしているような感覚で楽しめます。

実際にどんな会話ができるのか、ChatGPT とのやりとりを見てみましょう。

英会話の練習をしましょう。
・あなたの名前は Jenny です。
・私の名前は Keiko です。
・1 回の会話は 50 ワード以内にしてください。
・夏の予定について話しましょう。
・あなたは Jenny としての発言だけをしてください。
それでは、あなたから英語の会話を始めてください。

Hello Keiko! This is Jenny. I'm really excited for the upcoming summer. Do you have any plans yet?

I'm wondering if I can visit somewhere in the west area of Japan.

That sounds like a wonderful plan, Keiko! Japan's western region has much to offer. Any specific place you're interested in?

One of my friends lives in Osaka, so I'd like to visit her.

Visiting friends is always fun! Plus, Osaka has great food and interesting places to see. Will it be your first time there?

No, I have been there many times. I like Osaka foods.

Oh, I'm envious, Keiko! Osaka's food is famous. Takoyaki, okonomiyaki... I can almost taste them! What's your favorite?

I love Kushikatsu. Do you know Kushikatsu?

Yes, Keiko, I do! Kushikatsu is skewered and deep-fried meat or vegetables. It's delicious! Do you have a favorite place to get it?

日本語訳

ChatGPT：こんにちは、ケイコ！これはジェニーです。これからの夏が本当に楽しみです。何か予定は立てましたか？

ユーザー：日本の西日本のどこかを訪れるかどうか考えています。

ChatGPT：それは素晴らしい計画だと思います、ケイコ！日本の西日本はたくさんの魅力があります。特に興味がある場所はありますか？

ユーザー：友達が大阪に住んでいるので、彼女を訪ねたいです。

ChatGPT：友達を訪ねるのはいつでも楽しいですね！さらに、大阪には美味しい食べ物や興味深い場所がたくさんあります。大阪への訪問は初めてですか？

ユーザー：いえ、何度も行ったことがあります。大阪の食べ物が好きです。

ChatGPT：ああ、羨ましいです、ケイコ！大阪の食べ物は有名ですよね。たこ焼き、お好み焼き...思わず味が口に広がるようです！何が一番好きですか？

ユーザー：串カツが大好きです。串カツは知っていますか？

ChatGPT：はい、ケイコ、知っています！串カツは、串に刺した肉や野菜を揚げたものです。美味しいですよね！お気に入りのお店はありますか？

このように自然な流れで英会話をすることができます。本当に友達同士の会話のようです。初対面という設定にして、自己紹介から始めてもいいですね。

ChatGPTを使えば、自分で話したいテーマを決められますし、会話の履歴は保存されるのでいつでも見返すことができます。ですので、会話の最中は純粋に英会話を楽しみ、よくわからなかった単語や表現を後でまとめて確認する、というのも一つのやり方です。この会話文を声に出して練習するのもおすすめです。はじめは知らなかった単語や表現も、繰り返し練習することで定着させることができるからです。しかも、それらの単語や表現は、自分に関連のあるものばかりですから、ChatGPTと英会話をすることで、まさに自分にぴったりの英会話練習帳ができあがりますね。

ちなみに、もし話題が思いつかないときには、Can you suggest some good conversation topics?（会話の良い話題をいくつか提案してもらえますか？）と聞くと、ChatGPTが話題を提案してくれますよ。

プロンプトの型

英会話の練習をしましょう。

・あなたの名前は Jenny(1) です。
・私の名前は Keiko(2) です。
・1回の会話は 50ワード以内 (3) にしてください。
・夏の予定 (4) について話しましょう。
・あなたは Jenny としての発言だけをしてください。(5)

それでは、あなたから英語の会話を始めてください。

---

(1) (2) ChatGPT に名前をつけてあげましょう。また、自分の名前も伝えましょう。こうすると、お互いに名前で呼び合えるので、コミュニケーションが楽しくなります。

(3) より自然な「会話」をするために文字数制限を与えましょう。ChatGPT はおしゃべりなので、文字数を制限しないと、ひとりで大量に話してしまう可能性があります。テンポよく自然な会話をするためには、このプロンプトは必ず入れるようにしましょう。
ただし、たくさんの情報を知りたいときや、まとまったアドバイスが欲しいときには、このプロンプトを入れずに、ChatGPT にたくさん話してもらってください。ChatGPT は物知りで、どんな話題についても色々なことを教えてくれます。

(4) 話したいトピックを指定しましょう。あとは会話の流れで自由にトピックを変えて話していくことができます。

(5) このプロンプトがないと、ChatGPT がひとり二役の会話文を繰り広げる可能性があります。自分と ChatGPT が交互に会話していくのだと伝えるために、必ず入れるようにしましょう。

02 わからない単語を質問しながら英会話をする

ChatGPT と英会話をしていく中で、わからない単語が出てきた場合には、その単語の意味も ChatGPT に聞くことができます。Google などでその単語の意味を検索することもできますが、会話の流れで ChatGPT に聞いたほうが、タブやアプリを切り替えたりする手間も減りますし、何より**今の会話の文脈での意味がわかる**ので便利です。

たとえば、先ほどの会話例に出てきた「specific」の意味がわからなかったとします。そのときは、「specific とはどういう意味ですか？ 日本語で教えてください」と日本語で聞いたり、「Can you explain what you mean by "specific"？」と英語で聞いたりします。わからない単語や文について聞く場合は、コピー＆ペーストで文字入力したほうが間違いがなく、おすすめです。

また、**このように会話の途中で質問をしても、ChatGPT との会話がここで終わってしまうということはありません。**先ほどの specific の意味を答えてもらい、理解してから、また会話に戻れば、次のように引き続き ChatGPT がこちらの内容に合わせて返事をくれます。

英会話の練習をしましょう。
・あなたの名前は Jenny です。
・私の名前は Keiko です。
・1 回の会話は 50 ワード以内にしてください。
・夏の予定について話しましょう。
・あなたは Jenny としての発言だけをしてください。
それでは、あなたから英語の会話を始めてください。

Hello Keiko! This is Jenny. I'm really excited for the upcoming summer. Do you have any plans yet?

I'm wondering if I can visit somewhere in the west area of Japan.

That sounds like a wonderful plan, Keiko! Japan's western region has much to offer. Any specific place you're interested in?

specific とはどういう意味ですか？ 日本語で教えてください。

"Specific" とは日本語で「特定の」や「具体的な」を意味します。この会話では、西日本における訪れたい「具体的な」場所があるかと聞いています。

I'm interested in Osaka where one of my friends lives.

That's great! Osaka is known for its modern architecture, nightlife, and hearty street food. The city's culinary scene is something you won't want to miss. It's known as the "nation's kitchen" in Japan! Do you have any specific activities in mind that you would like to do in Osaka?

日本語訳

ChatGPT：それは素晴らしい計画だと思います、ケイコ！日本の西日本はたくさんの魅力があります。特定の興味がある場所はありますか？

ユーザー：specific とはどういう意味ですか？日本語で教えてください

ChatGPT："Specific" とは日本語で「特定の」や「具体的な」を意味します。この会話では、西日本における訪れたい「具体的な」場所があるかと聞いています。

ユーザー：私は友だちのひとりが住んでいる大阪に興味があります。

ChatGPT：それは素晴らしいですね！大阪はその近代的な建築、ナイトライフ、そしてボリューム満点のストリートフードで知られています。大阪のグルメは絶対に見逃せません。日本の「台所」とも言われていますよ！大阪で何か特定の活動をしたいと思っていますか？

このように、ChatGPT の発言の中でわからなかった単語の意味を聞いてから、そのまま会話を続けていくことができます。人との会話では、一旦質問を挟んでしまうと、元の会話に戻りにくかったり、会話の流れを断ち切ってしまうようで、質問がしづらかったりしますが、ChatGPT が相手なら、そのような遠慮は不要です。わからない単語や表現をどんどん聞いて、インプットもしながら英会話練習をしましょう。

プロンプトの型

specific(1) とはどういう意味ですか？ 日本語で教えてください。

---

(1) わからなかった単語や表現をコピー&ペーストして、その意味を聞いてみましょう。

03 英語表現を教えてもらいながら英会話をする

ChatGPTと英会話をしている中で「こう言いたいけど、英語でなんて言えばいいかわからない」というときも、ChatGPTに聞いてみましょう。たとえば、先ほどの会話の続きでWhat are you most excited to see or do in Osaka?（大阪で何をするのが楽しみですか？）と聞かれたとしましょう。「食べ歩きをするのが楽しみです」と英語で言いたいけれど、英語でなんと言ったらいいかわからない——そんなときは、ChatGPTに次のように質問をしてみましょう。

What are you most excited to see or do in Osaka?

「食べ歩きをするのが楽しみです」は英語でなんと言いますか？

In English, you could say, "I'm looking forward to food hopping."

I'm looking forward to food hopping.

That's a great plan, Keiko! Osaka is known for its delicious street food. Don't miss out on Takoyaki and Okonomiyaki!

日本語訳

ChatGPT：大阪で何を見るか、何をするかで最も楽しみにしていることは何ですか？

ユーザー：「食べ歩きをするのが楽しみです」は英語でなんと言いますか？

ChatGPT：英語では、「I'm looking forward to food hopping」と言います。

ユーザー：私は食べ歩きを楽しみにしています。

ChatGPT：それは素晴らしい計画ですね、ケイコ！大阪は美味しい屋台料理で知られています。たこ焼きとお好み焼きをぜひお見逃しなく！

このように、言いたいことを英語で何と言えばいいのか ChatGPT に教えてもらいつつ、英会話を続けていくことができます。これも英語と日本語の両方が得意な ChatGPT ならではの活用法ですね。

プロンプトの型

「食べ歩きをするのが楽しみです」(1) は英語でなんと言いますか？

---

(1) 英語で言いたい表現を記載しましょう。

04 音声で英会話をする

ChatGPTといえば文字で会話をしていくイメージが強いと思いますが、音声入力機能や音声読み上げ機能を使うことで、音声での会話が可能です。

音声入力と聞いて「自分は発音に自信がないから、認識してもらえるか心配」と思う方もいるかもしれませんが、多少カタカナ英語でも認識してもらえたり、入力が誤っていても意図をくんでくれるのがChatGPTの凄いところです。前後の文脈から、修正すべきところを修正してくれることもあります。また、どうしても音声が意図したとおりに認識されないときは、文字入力のモードに切り替えて、テキストを打ち込んで会話を続行することもできます。発音のせいで全く伝わらなかったり、会話が続かなかったりすることはないので、心配は不要です。

それに、発音を認識してもらえなかったということは、「自分はその単語の発音が苦手だ」とわかる、ということです。単語の発音を間違えて覚えていることもあるかもしれません。ひとりでテキストを音読して練習しているだけでは、発音の良し悪しの判断は難しいので、音声認識を自分の苦手な発音に気づける機会とポジティブにとらえて、発音改善につなげていきましょう。「どうすれば正しい発音ができるのか」については、別途発音の練習が必要になりますから、72ページの【Column1:AIツールを使って発音力を向上させよう】や、152ページからのElevenLabsを使った発音練習も参考にしてください。

ブラウザ版のChatGPT本体には音声での会話の機能はまだついていないのですが、Chrome拡張機能を使うことで、音声での会話が可能になります。また、ChatGPTの公式アプリでは音声会話機能が使えます。

◆パソコン版ChatGPT（Webブラウザ）での音声会話方法

ChatGPTをパソコンで使っていて、音声で会話をしたい場合には、ウェブブラウザとしてChromeを使い、「Voice Control for ChatGPT」というChrome拡張機能を利用します。これを利用すると、リアルタイムで読み上げてくれて、テンポよくChatGPTと会話を続けることができますので、音声で英会話の練習をしたい方はぜひ使ってみてください。ちなみに、日本語でも音声会話ができます。

●事前設定：
Chromeウェブストアで「Voice Control for ChatGPT」というChrome拡張機能をインストールしておく

https://chrome.google.com/webstore/detail/voice-control-for-chatgpt/eollffkcakegifhacjnlnegohfdlidhn?hl=ja

●音声会話をするとき：
① Chrome拡張機能の「Voice Control for ChatGPT」をONにする
② ChatGPTを開くと、下に音声入力用のマイクボタンが出ているので、そこをクリックして音声入力する
③ ChatGPTが回答を生成すると同時に自動的に読み上げてくれる

＊言語の設定を変えたり、読み上げのスピードを変更することも可能

◆ ChatGPTスマホアプリでの音声会話方法

ChatGPT公式アプリでは、ハンズフリーで音声会話が可能です。音声入力の精度が非常に高く、ハキハキと英語を話さなくても 聞き取ってくれます。また、スマホが手元にあれば、いつでもどこでも気軽に使うことができますので、ぜひChatGPTとの音声会話に使ってみてください。

● iPhone版ChatGPT公式アプリのダウンロードはこちら
https://apps.apple.com/jp/app/chatgpt/id6448311069

● Android版ChatGPT公式アプリのダウンロードはこちら
https://play.google.com/store/apps/details?id=com.openai.chatgpt

＊ストアで検索する場合は、似た名前のアプリがたくさん出てきますので、開発元や販売元が「OpenAI」になっている公式アプリを選んでください。

●アカウント作成：
ウェブブラウザ版でアカウントを作成済みの場合には、同じアカウントをスマホアプリでも使うことができます。アカウント未作成の場合には、22～23ページと同様の手順でアカウントを作成してください。

スマホアプリで音声会話機能を使う場合の手順

① Settings から「Voice」を選択する

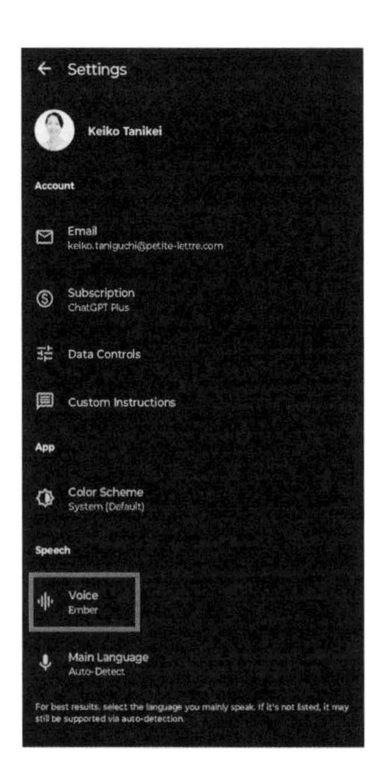

②好きな声を選択する

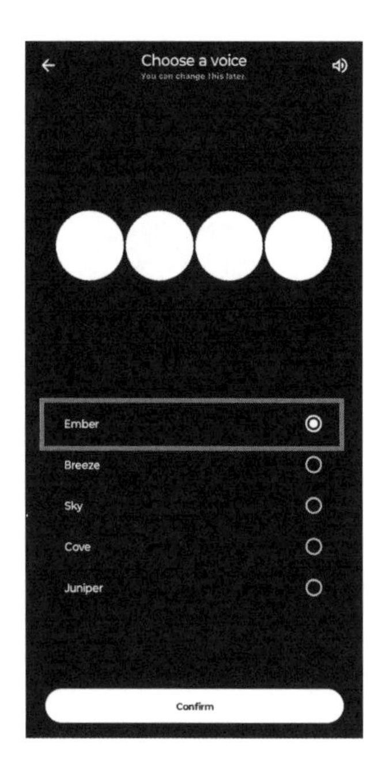

③ヘッドフォンマークをタップする

④音声で話す。話し終えたら、少し待つとChatGPT が音声で応答してくれる。音声会話を終えたいときには×ボタンをタップする。

05 会話をしながら英語の誤りを指摘してもらう

先ほどの「01 英会話を無限に楽しむ」のところで説明したとおり、ChatGPTとはずっと会話を続けていくことができます。そして、ChatGPTは多少こちらの英語に間違いがあっても、推測して会話を続けてくれます。テンポよく会話を楽しみたいときにはそれでよいのですが、英会話をしながら自分の英語レベルを上げていきたい場合は、ChatGPTに英語の誤りを直してもらうのがおすすめです。

英会話スクールやオンライン英会話などの対人コミュニケーションでも、自分の話した英語のミスを毎回指摘してもらうというのは、なかなか難しいものです。それに、指摘された内容を全部覚えておくことが難しかったり、その場でメモを取るのも大変です。ChatGPTなら、会話の履歴がテキストで残るので、いつでも振り返って確認することができて便利です。

「01 英会話を無限に楽しむ」のところで使用したプロンプトの型をベースに、「私が英語のミスをするたびに、どんなミスをしたのか、どう直せばいいのか教えてください」「ミスの指摘の後は、また英語で会話を続けてください」の2つを追加してみましょう。

英語で会話をしましょう。
・あなたの名前はJennyです。
・私の名前はKeikoです。
・私が英語のミスをするたびに、どんなミスをしたのか、どう直せばいいのか教えてください。
・ミスの指摘の後は、また英語で会話を続けてください。
・1回の会話は50ワード以内にしてください。
・夏の予定について話しましょう。
・あなたはJennyとしての発言だけをしてください。

それでは、あなたから英語の会話を始めてください。

Hello Keiko, I'm Jenny. The summer season is just around the corner! Do you have any plans for this summer? I personally love to go to the beach, soaking up the sun, and just enjoying the beautiful ocean view. What about you?

I love to go to the beach, too! I'm planning to try a surfing this summer.

That's great, Keiko! However, the correct way to say it would be, "I'm planning to try surfing this summer," without the 'a'. So, do you have a particular beach in mind where you'd like to surf?

I have no ideas. Do you know somewhere good?

Just a little correction, Keiko. Instead of saying "I have no ideas," you should say "I have no idea." As for good places to surf, California and Hawaii are renowned for their surfing spots. Have you ever considered visiting there?

日本語訳

ChatGPT：こんにちは、ケイコ。私はジェニーです。もうすぐ夏がやってきますね！今年の夏の予定は何かありますか？私は特に海に行って日光浴をしたり、美しい海の景色を楽しむのが好きです。ケイコさんはどうですか？

ユーザー：私も海に行くのが好きです！この夏はサーフィンを始めてみようと思っています。

ChatGPT：それは素晴らしいですね、ケイコ！ただ、表現を直すとI'm planning to try surfing this summerのほうが正しいです。'a'は必要ありません。それで、特にサーフィンをしたいと思っているビーチはありますか？

ユーザー：わかりません。どこか良い場所を知っていますか？

ChatGPT：ちょっとした訂正ですが、ケイコ。I have no ideasではなくI have no ideaのほうが適切です。そして、サーフィンに適した場所として、カリフォルニアやハワイが有名ですよ。そこに行ってみることを考えたことはありますか？

先ほどのプロンプトの結果、このような英会話が展開されました。

下線部分のように the correct way to say it would be, "I'm planning to try surfing this summer," without the 'a'. や Instead of saying "I have no ideas," you should say "I have no idea." と、こちらの発言の中に英語のミスがあるたびに、ChatGPTが正しい英語を教えてくれています。また、英語のミスの指摘の後も、これまでの流れを断ち切ることなく、同じテーマで会話を続けてくれていますね。このように楽しく英会話をしながら、ミスをしたときには英語の先生として振る舞ってくれるのが、ChatGPTの凄いところです。

プロンプトの型

「01 英会話を無限に楽しむ」のところで使用したプロンプトの型をベースに、2 つプロンプトを追加しています。

英語で会話をしましょう。

・あなたの名前は Jenny です。
・私の名前は Keiko です。
・私が英語のミスをするたびに、どんなミスをしたのか、どう直せばいいのか教えてください。(1)
・ミスの指摘の後は、また英語で会話を続けてください。(2)
・1 回の会話は 50 ワード以内にしてください。
・夏の予定について話しましょう。
・あなたは Jenny としての発言だけをしてください。

それでは、あなたから英語の会話を始めてください。

---

(1) 自分の英語に間違いがあった場合には、その都度指摘するように頼みます。
(2) このプロンプトにより、あくまで会話の流れの中で、英語のミスを直してもらうことができます。ちなみに、このプロンプトを入れずに会話を始めると、英語のミスを指摘した後に元のテーマから離れた会話を展開してしまう可能性があります。
私が試したときには、英語のミスを指摘してくれた後に、ChatGPT の意識が「英語の指摘」のほうに向いてしまい、「Are you taking lessons, or are you going to learn on your own?」という英語学習に関する質問が返ってきたこともありました。ただ、いつもこのように脱線するわけではなく、元のテーマに戻ってくれるときもあります。いずれにしても、会話をどんどん続けていきたい場合には、(2) のプロンプトを入れておくのが確実でしょう。

06 「より自然な英語表現」を教えてもらう

英会話をしていると「いつも決まった単語や表現を使ってしまう」という悩みもあるのではないでしょうか。英会話をすればするほど、話すこと自体には慣れていきますが、そのままだとなかなか単語や表現のバリエーションを増やすことができません。また、「一応相手には通じているけれど、これって自然な言い回しなんだろうか」と気になることもありますよね。

そのような課題を感じている人は、英会話を通してChatGPTに「より自然な英語表現」を教えてもらいましょう。実際に自分が話した英語を、別の表現で言い換えてもらうので、自分にとって実用性の高い英語表現を知ることができます。

プロンプトは、「01 英会話を無限に楽しむ」のところで使用したプロンプトの型をベースに、「あなたは私の英語の先生として、私の発言について、他の単語での言い換えや、より自然な表現を提案してください」「その提案の後、英語での会話を続けてください」の2つを追加します。すると、次のように、会話の途中で別の英語表現を教えてくれます。

英語で会話をしましょう。
・あなたの名前はJennyです。
・私の名前はKeikoです。
・あなたは私の英語の先生として、私の発言について、他の単語での言い換えや、より自然な表現を提案してください。
・その提案の後、英語での会話を続けてください。
・1回の会話は50ワード以内にしてください。
・夏の予定について話しましょう。
・あなたはJennyとしての発言だけをしてください。

それでは、あなたから英語の会話を始めてください。

Sure, Keiko. Let's get started. My name is Jenny, your English teacher. So, what plans do you have for the weekend?

I'm planning to visit my friend's house in Tokyo.

That's great. Perhaps you could say, "I'm planning to drop by a friend's place in Tokyo." It sounds a bit more casual. How long will you stay there?

Just half day.

You can express it like, "Just for half a day." It sounds more natural. What will you do there?

We will cook together and have a little party.

Sounds fun! Another way to say it could be, "We plan on cooking together and throwing a small party." So, what will you be cooking?

日本語訳

ChatGPT：もちろん、ケイコ。では始めましょう。私の名前はジェニーで、あなたの英語の先生です。それでは、週末の予定は何ですか？

ユーザー：東京の友達の家を訪ねる予定です。

ChatGPT：それは素晴らしいですね。もしかしたら、I'm planning to drop by a friend's place in Tokyo.と言うことができるかもしれません。もう少しカジュアルな感じになります。そこにどのくらい滞在しますか？

ユーザー：半日だけです。

ChatGPT：それならJust for half a day.と表現できます。より自然な言い方ですね。そこで何をしますか？

ユーザー：一緒に料理をしてちょっとしたパーティーをします。

ChatGPT：楽しそうですね！別の言い方としては、We plan on cooking together and throwing a small party.と言えます。では、何を料理する予定ですか？

下線部分のように、ChatGPTが毎回より自然な言い換え表現を教えてくれます。そして、そのまま会話を続けてくれるので、自分が話したい内容や興味のある内容について、新しい表現をインプットしながら、会話をすることができます。

プロンプトの型

「01 英会話を無限に楽しむ」のところで使用したプロンプトの型をベースに、2つプロンプトを追加しています。

英語で会話をしましょう。

・あなたの名前はJennyです。
・私の名前はKeikoです。
・あなたは私の英語の先生として、私の発言について、他の単語での言い換えや、より自然な表現を提案してください。(1)
・その提案の後、英語での会話を続けてください。(2)
・1回の会話は50ワード以内にしてください。
・夏の予定について話しましょう。
・あなたはJennyとしての発言だけをしてください。

それでは、あなたから英語の会話を始めてください。

---

(1) 自分の話した英語について、他の単語での言い換えや、より自然な表現を提案してくれるように頼みます。
(2) このプロンプトにより、あくまで会話の流れの中で、言い換え表現を教えてもらうことができます。先ほどの「05 会話をしながら英語の誤りを指摘してもらう」の場合と同様で、このプロンプトを入れることで、ChatGPTが言い換え表現を提案した後に、テーマから脱線して話し始めるのを防ぎましょう。

ChatGPTが提案した会話表現を表形式でまとめてもらう

ChatGPTに言い換え表現を教えてもらったものの、後から会話文を見返して確認しようとすると、「あの表現どこに書いてあったっけ？」「自分は元々なんて言ってたんだっけ？」と、該当箇所を探すのに苦労するかもしれません。

そんなときは、ChatGPTにこれまで提案してもらった表現を表にまとめてもらうのがおすすめです。「あなたが提案してくれた表現をまとめてください。英語と日本語で表形式にしてください」というプロンプトを投げかけることで「自分が発言した元の表現」「ChatGPTに言い換えてもらった表現」「日本語訳」を以下のようにまとめてくれます。

表形式でまとめてもらえば、ExcelやGoogleスプレッドシートにもそのまま貼り付けることができます。そこにどんどん言い換え表現を追加していくことで、「自分専用の英語言い換え表現リスト」ができあがるので、とても便利です。

English (Original)	English (Suggested)	Japanese
I'm planning to visit my friend's house in Tokyo.	I'm planning to drop by a friend's place in Tokyo.	東京の友人の家に訪れる予定です。
Just half day.	Just for half a day.	半日だけです。
We will cook together and have a little party.	We plan on cooking together and throwing a small party.	一緒に料理をして、ちょっとしたパーティを開きます。

07 会話文を作ってもらう

ChatGPTと会話をするのもよいのですが、ある特定の分野や状況における会話例を作ってもらうことで、より効率的に自分に必要な単語や言い回しを学ぶことができます。英会話となると、どうしても「話す」ことに意識が行きがちですが、**実はインプットが非常に重要です**。単語や表現などが自分の中になければ話したくても話せませんし、たとえ単語の意味を知っていても、使い方を知らなければ、その単語をうまく使って話せるとは限らないからです。ですから、知っている単語や表現を増やすこと、またそれを知識として知っているだけではなく、より実践的な英文を通して自分の中に落とし込んでいく必要があります。

そこで、英会話の例文を通してインプットを増やしていくのはとても良い方法です。NHKの語学講座テキストのように会話が色々載っているテキストや参考書は売っていますが、市販のものの中から自分が使えそうな会話文を探すのは大変ですし、そもそも会話の例は数が限られています。**ChatGPTが凄いのは、自分の欲しいテーマで英会話文を無限に作ってくれるところです**。その上、会話の場面設定も細かく指定できます。たとえば、仕事で海外出張を控えている人であれば、現地で初めて顧客に会うときの会話や、仕事の後のディナーでの会話など、数週間後の自分が実際に経験しそうなシチュエーションを設定して、英会話の予習ができるのです。そして、ChatGPTにお願いすれば、こうした会話の例を無限に出してくれるので、「やり尽くしてしまった」なんてことがありません。

ChatGPTは、はじめにいくつかの状況を指定するだけで会話文を作ってくれます。2つの例を見てみましょう。

例①海外旅行での入国審査の会話

入国審査が厳しい国では、空港で入国審査の会話が必要です。短い会話ではありますが、よく聞かれる質問については練習しておくと安心です。

以下の設定で、アメリカの空港での入国審査の会話文を英語で作ってください。
•入国審査で聞かれる可能性があることを5問入れてください。
・審査官はフレンドリーに話してください。
・旅行者は日本人で、友人の家に4泊宿泊する予定です。

Customs Officer: Good morning! Welcome to the United States. How are you today?

Traveler: Good morning! I'm doing well, thank you.

Customs Officer: That's great to hear. Now, I need to ask you a few standard questions for the entry procedures. Can you please tell me what the purpose of your visit is?

Traveler: I'm visiting a friend of mine who lives here.

Customs Officer: Sounds like a fun trip! How long do you plan to stay in the United States?

Traveler: I'm planning to stay for four nights.

Customs Officer: Very well. Where will you be staying during your visit?

Traveler: I'll be staying at my friend's house.

Customs Officer: It's always nice to have familiar faces in a foreign land. What's your occupation back in Japan?

Traveler: I'm a software engineer.

Customs Officer: That sounds fascinating. Just one more question - do you have any goods to declare, such as food, plants, or animals?

Traveler: No, I don't have anything to declare.

Customs Officer: Alright, that's all I need. Enjoy your stay and have a great time with your friend. Welcome again to the United States.

Traveler: Thank you so much.

日本語訳

審査官：おはようございます！アメリカへようこそ。今日はいかがお過ごしですか？

旅行者：おはようございます！元気にしています、ありがとうございます。

審査官：それは良かった。では、入国手続きのためにいくつか基本的な質問をさせていただきます。まず、訪問の目的は何ですか？

旅行者：こちらに住んでいる友人を訪れるためです。

審査官：楽しい旅行になりそうですね！アメリカ滞在は何日間を予定していますか？

旅行者：４泊の予定です。

審査官：とても良いですね。滞在中はどこに泊まる予定ですか？

旅行者：友人の家に泊まる予定です。

審査官：異国の地で知り合いがいると心強いですね。日本での職業は何ですか？

旅行者：ソフトウェアエンジニアです。

審査官：それは面白そうですね。あと一つだけ、食品や植物、動物など、申告すべき物品をお持ちですか？

旅行者：いえ、申告すべき物品は持っていません。

審査官：それでしたら問題ありません。滞在を楽しんで、友人と素晴らしい時間を過ごしてください。再度、アメリカへようこそ。

旅行者：ありがとうございます。

例②仕事のオンライン会議での会話

仕事の場面で英語を使うことがある方は、以下のように仕事の会話文も作ってもらいましょう。できるだけ自分が使いそうな状況を設定すると効果的です。

以下の設定で、オンライン会議における英語の会話文を作ってください。
・会話をしているのは製薬企業のマーケティング部のメンバーです。
・アメリカ本社からは CFO の David とその部下の Katy の 2 人、東京支社からは Maya, Takashi の 2 人が出席しています。
・前回の会議では、来期のマーケティング施策についての課題を確認しました。今回の会議では、それぞれの課題について、アクションプランを立てます。
・週 1 回、このメンバーで定例会議を開催しています。

会議のシーン：
オンライン会議が始まり、参加者が画面上に表示されています。
Maya、Takashi、David、Katy の順に並んでいます。

Maya: Good morning, everyone. Let's start today's meeting. Thank you all for joining. First, I would like to review the action items from our last meeting regarding the marketing initiatives for the upcoming quarter.

Takashi: Yes, Maya. During the previous meeting, we identified several challenges and areas of improvement. We need to address those issues and devise a solid plan for the next quarter.

David: Absolutely. I appreciate the efforts put forth in analyzing the market trends. Katy and I have reviewed the reports, and we are eager to collaborate with you all to develop effective strategies.

Katy: That's right, David. We believe this meeting is crucial in formulating actionable plans to tackle the identified challenges. Maya and Takashi, could you please walk us through the key issues we need to address?

Maya: Of course, Katy. One of the major challenges we identified was the declining sales in the Asia-Pacific region. We need to investigate the underlying reasons and come up with a plan to boost sales in that market.

（以下省略）

日本語訳

Maya：皆さん、おはようございます。本日のミーティングを始めましょう。ご参加いただきありがとうございます。まず、前回のミーティングで来期のマーケティング施策についての課題を確認しましたので、そのアクションプランを立てましょう。

Takashi：はい、Maya さん。前回のミーティングで、いくつかの課題や改善点が浮き彫りになりました。それらの課題を解決し、次のクォーターに向けた確かな計画を立てる必要があります。

David：まさにそのとおりです。市場動向の分析にかけられた努力に感謝しています。Katy さんと私はレポートを確認しましたが、効果的な戦略を共同で開発するために皆さんと協力したいと思っています。

Katy：そのとおりです、David さん。このミーティングは、特定の課題に取り組むための具体的な計画を立てる上で重要だと考えています。Maya さん、Takashi さん、どうぞ重要な問題点を共有してください。

Maya：もちろんです、Katy さん。私たちが特定した主な課題の1つは、アジア太平洋地域での売り上げの減少です。その市場での売り上げを回復させるための原因を調査し、計画を立てる必要があります。

このように、会議における会話文を作成してくれました。いかにもありそうな会話ですね。ちなみに、この会話文の状況の指定は自由にすることができますので、「緊迫した雰囲気の会話にしてください」「Takashi は新入社員なので、緊張をほぐすために他のメンバーが気遣っている様子の会話にしてください」など、もっと注文をつけることも可能です。

また、この続きの会話文を作ってほしいときには「続きの会話を作ってください」とリクエストすれば、いくらでも作ってくれます。

プロンプトの型

以下の設定で、オンライン会議における英語の会話文を作ってください。

・会話をしているのは製薬企業のマーケティング部(1)のメンバーです。
・アメリカ本社からはCFOのDavidと部下のKatyの2人(2)が出席しています。
・東京支社からはMaya, Takashiの2人(2)が出席しています。
・前回の会議では、来期のマーケティング施策について(3)の課題を確認しました。
・今回の会議では、それぞれの課題について、アクションプランを立てます。(3)
・週1回、このメンバーで定例会議を開催しています。

---

(1) 誰が会話をしているのかを設定しましょう。どんな会社なのか、どこの部署かなど、具体的に書いておきましょう。
(2) 登場人物の名前や役職を設定しましょう。
(3) 今回の会話の背景、目的を設定しましょう。仕事で英語を使う場合には、できるだけリアルな内容を書いておくことで、より実践的な単語や表現を習得できるようになります。

08 表現の意味や他の使い方を教えてもらう

ChatGPTに会話文を作ってもらったら、それをただ読むだけでなく、わからない表現をChatGPTに聞いて、その意味や他の使い方を確認するようにしましょう。そうすると、どんどん新しい表現をインプットすることができます。たとえば、「Let's reconvene」という表現がわからないときは、次のように聞いてみます。

Let's reconveneとはどのような意味ですか？ どのような場面で使うことができますか？

「Let's reconvene」とは、再び集まることを意味します。これは、以前の会議や議論の続きを行うために、再度参加者が集まることを提案する表現です。このフレーズは、休憩や他の活動の後に再度集まる必要がある場合や、一時的に解散したグループが再び集まる必要がある場合に使用されます。具体的な目的やスケジュールは文脈によって異なりますが、基本的には参加者が再度集まることを促す意味を持ちます。
たとえば、長時間の会議で一旦休憩を取りたい場合や、全ての議題を1回の会議で処理しきれない場合などに、「Let's reconvene at 2 pm after lunch」（ランチ後の2時に再開しましょう）や、「Let's reconvene tomorrow to continue our discussion」（明日、議論を続けるために再集合しましょう）のように使うことができます。

たとえば、前の項目「07 会話文を作ってもらう」の例②のようなビジネス会話を作ってもらうと、「upcoming quarter（次の四半期）」「put forth（努力する)」「please walk us through(詳しく説明してください)」など、ビジネスらしい表現や、面白い表現が色々出てきましたね。わからない表現をChatGPTに聞きながらこの会話文を読み込むだけでも、かなりインプットを増やすことができます。

プロンプトの型

Let's reconvene(1) とはどのような意味ですか？ どのような場面で使うことができますか？(2)

---

(1) ChatGPTが作ってくれた会話文の中でわからなかった表現を記載しましょう。
(2) どのような場面で使うことができるかを聞くと、実用的なインプットになり、自分でも使えるようになっていきます。

09 ロールプレイをする

ChatGPTに、ある役柄になりきってもらって、ロールプレイをするのも非常におすすめです。たとえば、「外国人に道を聞かれたら」「海外旅行先のレストランで注文する」など、起こり得る場面を想定して、そのシチュエーションでの英会話をChatGPTと一緒にやってみる、ということです。このロールプレイをすることで、「相手からどんなことを聞かれるのか」「こんなときに言えるようにしておきたい表現は何か」などを知ることができるので、とても実践的な練習ができます。また、仕事で英語を使う方は、海外にある本社の上司とのミーティングのロールプレイをするなど、自身のビジネスシーンに合わせた練習をすると非常に効果的です。

もちろん、旅行に使える英語フレーズ集など、状況別に使えるフレーズを掲載した本も売っていますが、ChatGPTなら実際に英会話の練習ができますし、そのやりとりがテキストで残るので、後で見返して何度も練習することができます。また、同じ設定でも、こちらの返事を変えて複数のパターンで練習することができるのもChatGPTならではです。

自分が練習したい場面を設定して、必要な単語や表現を効率よく大量にインプットしていきましょう。

ロールプレイをする際のプロンプトとしては「01 英会話を無限に楽しむ」の項目で使用したプロンプトの型をベースに、役割の設定や、状況・背景の説明を具体的に追加します。

あなたと私はホテルのチェックインのロールプレイを英語で行います。以下の条件を守って発言してください。

条件：
・あなたの名前は John です。
・私の名前は Keiko です。
・あなたはシンガポールのアジアパシフィックホテルのフロントです。私は宿泊客です。
・あなたは John としての発言だけをしてください。
・1 回の発言は 50 ワード以内にしてください。

Hello, welcome to the Asia Pacific Hotel! How may I assist you today?

Check-in, please. I'm Keiko Taniguchi.

Of course, Ms. Taniguchi. Could I please have your booking reference number? Also, may I know your intended length of stay?

I'm afraid I can't find the booking reference number. I'll be staying here for three nights.

No problem, Ms. Taniguchi. Let me search using your name instead. Please bear with me for a moment.

日本語訳

ChatGPT：こんにちは、アジアパシフィックホテルへようこそ！今日は何のお手伝いをしましょうか？

ユーザー：チェックインをお願いします。私の名前は谷口恵子です。

ChatGPT：もちろんです、谷口様。ご予約番号を教えていただけますか？また、滞在予定の日数を教えていただけますか？

ユーザー：申し訳ありませんが、予約番号が見つけられません。ここには3泊の予定です。

ChatGPT：問題ございません、谷口様。お名前で検索させていただきます。少々お待ちください。

このように、ChatGPTはすっかりホテルのフロントのJohnになりきってロールプレイをしてくれます。特定の状況で英語を使うことがありそうな人は、ぜひこのロールプレイでの会話練習をしておきましょう。

プロンプトの型

あなたと私はホテルのチェックインのロールプレイ(1)を英語で行います。以下の条件を守って発言してください。

条件：
・あなたの名前はJohnです。
・私の名前はKeikoです。
・あなたはシンガポールのアジアパシフィックホテルのフロントです。私は宿泊客です。(2)
・あなたはJohnとしての発言だけをしてください。
・1回の発言は50ワード以内にしてください。

---

(1) どんなロールプレイをしたいのか最初に設定や状況を伝えましょう。
(2) 役割設定を細かく伝えましょう。役割設定や背景、状況を細かく指定すればするほど、それを踏まえたリアルなロールプレイになります。

シチュエーション別！おすすめのロールプレイ

●旅行

・ホテルにチェックインする
・カフェで注文をする
・レストランで食事をする
・美術館でチケットを買う
・アクティビティの予約をする
・お土産を買う
・電車に乗る
・バスに乗る
・タクシーに乗る
・道に迷ったときにたずねる
・失くした財布を報告する
・部屋でのトラブル対応
・空港でのトラブル対応

●留学・駐在中の現地での会話

・ローカルの図書館を利用する
・ローカルのイベントに参加する
・パーティーで自己紹介をする
・友人とドラマの感想を話す
・友人と休日の予定を立てる
・アパートの賃貸契約をする
・スマートフォンを購入する
・インターネットを契約する
・銀行口座を開設する
・医療機関を受診する
・レンタカーを借りる

●ビジネス

・自己紹介
・プレゼンテーション
・営業のデモンストレーション
・会議の進行
・交渉
・顧客からの苦情に対応
・他部署に催促のお願い
・上司や部下とのミーティング
・新入社員のトレーニング
・採用面接
・会食

●日本での会話（知らない人）

・道、行き方を聞かれる
・電車の路線を聞かれる
・切符の買い方を聞かれる

●日本での会話（案内する）

・自己紹介をする
・おすすめのお店を伝える
・日本食の食べ方を紹介する
・日本の文化について紹介する
・日本の歴史について紹介する
・日本の有名人について紹介する
・日本の慣習について紹介する

10 瞬間英作文の練習をする

皆さんは「瞬間英作文」を知っていますか？ 瞬間英作文とは「簡単な日本語を見てそれを即座に英語にする」というトレーニングです。ポイントは「即座に」です。なかなか英語が口から出てこない人は「まず何を主語にすればいいかわからない」と思っているのではないでしょうか。じっくり考えながら日本語から英語に訳すのではなく、見た瞬間にパッと英語を口にできるようにしていく練習が瞬間英作文です。少し難しいトレーニングですから、普通はとても簡単な文を使った練習からスタートします。瞬間英作文は、とにかく数をこなすことが大切です。何度も繰り返して練習することで、自然と口に出せるようになります。

ChatGPT を使って、この瞬間英作文の練習をするための日本語と英語の例文を作ってもらいましょう。

"May I ～?" を使った、シンプルな英文を 5 個作ってください。それぞれの英文の前に日本語を載せて、表形式で作成してください。

もちろんです。以下に "May I ～ ?" を使用した英語の例文を 5 つ、それぞれの前に日本語の訳を付けて提供します。

日本語	英語
あなたの写真を撮ってもよいですか?	May I take your picture?
この席を使ってもよいですか?	May I use this seat?
あなたに質問してもよいですか?	May I ask you a question?
早退してもよいですか?	May I leave early?
あなたのパソコンを使ってもよいですか?	May I use your computer?

このように、5つの英作文を日本語付きで作成してくれました。まずは日本語だけを見て、すぐに英文を口に出してみてから、答えを確認していきましょう。

プロンプトの型

"May I ～?" を使った(1)、シンプルな英文を5個作ってください。それぞれの英文の前に日本語を載せて、表形式で作成してください。

---

(1) 練習をしたい英作文のお題を入れましょう。
　例1：英文法（関係代名詞、仮定法、疑問文など）

　例2：フレーズや英単語（"May I ～?" "I'd like to ～" や、覚えたい英単語など）

Column1：AI ツールを使って発音力を向上させよう

音声入力で英会話練習をしたい場合、英語の発音が間違っていたり、明瞭でなかったりすると、正しく認識してくれません。英語の発音の練習をしたい場合には、ELSA Speak という AI を使った発音練習アプリを活用しましょう。

ELSA では、さまざまな単語、フレーズ、センテンスで発音練習ができます。まずはお手本を聞いて、その音声を真似して発音すると、高い音声認識技術で、発音を判定してくれます。その結果によって、青、黄色、赤に色分けされ、赤や黄色になってしまった単語をタップすると、改善方法を詳しく教えてくれます。このようにして、自分の苦手な発音をしっかり矯正していくことができます。

自分の英語の発音がどのくらい正確なのか、自分ではなかなかわからないものです。発音が気になる方はぜひ ELSA を活用して苦手な発音をチェックし、毎日少しずつ練習して、発音を改善していきましょう。

ChatGPTで
リーディングを学ぶ

CHAPTER 03

CHAPTER 03

ChatGPTでリーディングを学ぶ

英語学習においては「正しい英語の大量インプット」ができると、英語力がぐんぐん伸びていきます。リーディングもリスニングも、どちらもインプットですが、大量のインプットをしたいと思ったら、たくさんの英文を読んでいくのが効率的です。

リーディングの学習にあたって大切なのは「**自分が興味のある内容のものを読み進めていく**」ことと「**自分のレベルに合ったものを読む**」ということです。普段から英文を読み慣れていれば別ですが、たいていの場合、英文を読むには気力と体力が必要です。ですから、純粋に楽しく読み進められるものを使いたいですし、インプットを増やすという観点でも、自分の興味のある内容や、自分の仕事に関連する内容のものを選ぶのが効果的です。また、英文のレベルも重要です。あまりにも知らない単語だらけの文章では、読み進めていくのが大変で挫折してしまいます。リーディングは「正しい英語の大量インプット」に最適なので、量をこなすためにも、読み続けられるものを見つける必要があるのです。

ただ、既存の参考書やテキストは、自分の関心のある英語の読み物ばかりが載っているわけではありませんよね。気になる洋書や雑誌の記事があっても、難しすぎて歯が立たない、もう少し英語力を上げてから読もう、と思って断念した経験のある方もいるかもしれません。また、試験対策のため、テーマは問わないのでとにかく500ワード程度の英文を大量に読みたい、というケースもあるでしょう。でも、そのために何冊も英語のテキストを買うのは経済的ではありません。

このように、自分が興味のある内容で、かつ自分のレベルに合ったリーディング教材を探すのはなかなか大変な作業です。また、既存の教材の数には限りがあります。

しかし、ChatGPTであれば、**自分の興味関心に合った英文を無限に作ってくれます**。自分の指定したテーマで長文を作ってくれたり、既存の英文を特定のレベルの英文に書き換えてくれたりするのです。自分にぴったりのリーディング教材を瞬時に作ってくれるのですから、これを使わない手はありません。しかも、その量は無限。毎日ひとつChatGPTに英語の長文を作ってもらい、リーディングの練習をしたら、1年間で365の新しい英文を読むことができるのです。

読む気になれる、読んで楽しめる長文をChatGPTに作ってもらい、たくさんの英文を読んで英語力を上げていきましょう。

この章で紹介するChatGPT活用法はこちら

11. 英語の長文を作ってもらう
12. 英語の長文を翻訳してもらう
13. 英語の長文の中の文法を解説してもらう
14. 英語のレベルを指定して長文を作ってもらう
15. リーディング力アップのためのボキャビル
16. レベルを指定して英文を書き換えてもらう
17. 英語の長文を要約してもらう
18. 子ども向けに英語で物語を作ってもらう

11 英語の長文を作ってもらう

洋書を読めるようになりたい、英語で雑誌記事を読めるようになりたい、仕事で英語のメールや資料を速く読めるようになりたい、試験でリーディング対策が必要など、さまざまな理由で「英語が読めるようになりたい」と思っている方は多いと思います。いずれの場合でも、とにかくたくさん読んで「英文を読む」ことに慣れる必要があります。

先ほども述べましたが、継続していくためにも「自分が興味のある内容のもの」を読むのがおすすめです。既存の参考書やテキストからそれを探すのは大変ですし、数をこなすために毎回新しいものを購入するのは経済的ではありませんから、ChatGPT に自分の興味のあるトピックでどんどん英文を作ってもらいましょう。

ChatGPT は、「〇〇に関する英文を作って」とお願いするだけで、一瞬で英文を作成してくれます。ニュース記事から自分が興味のありそうなものを探すより簡単ですし、ピンポイントで関心のあることや知りたいことについての英文を作ってくれるので、読み始めのハードルがぐんと下がります。それでは、次のようにプロンプトを入力して、ChatGPT の作ってくれた英文を見てみましょう。

「イギリスの文化」に関する 200 ワードくらいの英文を作ってください。

British culture, rich and diverse, is an amalgamation of centuries-old traditions intermingled with modern innovations and influences.

Perhaps the most iconic symbol of British culture is the monarchy, a historic institution that continues to play a central role in British life. Its palaces, ceremonies, and the Royal Family, embody the traditions and history of the nation.

Another quintessential aspect of British culture is the love for tea. The afternoon tea tradition, complete with scones, clotted cream, and sandwiches, represents a unique social ritual that transcends class and region.

Literature holds a prestigious place in British culture. Britain has given the world many literary giants like Shakespeare, Jane Austen, and J.K. Rowling, contributing to a rich literary heritage that resonates globally.

Sports also play an integral part, with football, rugby, and cricket deeply rooted in the national psyche. Events like the Premier League and the Ashes Test series are keenly followed by millions.

Lastly, British culture is characterised by its politeness, with courteous manners and 'queuing' considered important aspects of societal behaviour.

In sum, British culture is a fascinating blend of history, tradition, innovation, and social etiquette, making it distinctive and influential worldwide.

このように、ChatGPT が一瞬で長文を書いてくれます。この例では、「200 ワードくらい」と指定して、193 ワードの英文を作ってくれましたが、短すぎる場合などは、追加で「もっと長くしてください」「1.5 倍程度の長さにしてください」などとリクエストしましょう。

プロンプトの型

「イギリスの文化」(1) に関する 200 ワードくらい (2) の英文を作ってください。

---

(1) 作成してほしい長文のテーマを指定しましょう。
(2) ワード数は厳密に聞いてくれるわけではありませんが、長めのワード数を指定すると長めの英文を作ってくれます。

12 英語の長文を翻訳してもらう

DeepLのような性能の良い翻訳ツールもありますが、ChatGPTも翻訳をしてくれます。ChatGPTは、会話の流れで続けて翻訳してもらえるのでとても便利です。

たとえば、先ほど「11 英語の長文を作ってもらう」でChatGPTに作ってもらった「イギリスの文化」についての英文ですが、内容を理解するのに日本語訳があると確認しやすいですね。そんなときは、ChatGPTが出してきた英文に対して「日本語に訳してください」と言うだけで、日本語訳を作成してくれます。会話の流れで翻訳してくれて、いちいち英文を貼り直さなくてもよいのが楽ですね。

British culture, rich and diverse, is an amalgamation of centuries-old traditions intermingled with modern innovations and influences. （以下省略。76-77ページ参照）

日本語に訳してください。

豊かで多様なイギリスの文化は、古代の伝統と現代の革新や影響が混ざり合ったものです。

イギリス文化の最も象徴的なシンボルの一つは、歴史的な制度であり、現在でもイギリスの生活の中心的な役割を果たしている王室です。その宮殿、儀式、そして王室の家族は、この国の伝統と歴史を体現しています。

イギリス文化のもう一つの典型的な側面は、紅茶への愛着です。

スコーン、クロテッドクリーム、サンドイッチを伴った午後の紅茶の伝統は、階級や地域を超えたユニークな社会的儀式を表しています。

文学はイギリス文化の中で高い地位を占めています。シェイクスピア、ジェーン・オースティン、J.K. ローリングなど、多くの文学の巨人を世界に送り出してきたイギリスは、世界中に響き渡る豊かな文学の遺産を築いてきました。

スポーツもまた、イギリスの心情に深く根ざしています。サッカー、ラグビー、クリケットは国民の心の中に深く根ざしており、プレミアリーグやアッシュテストシリーズなどのイベントは何百万人もの人々に熱心に追いかけられています。

最後に、イギリス文化はその礼儀正しさによって特徴づけられています。丁寧なマナーや「列に並ぶ」ことは社会的行動の重要な側面とされています。

まとめると、イギリス文化は歴史、伝統、革新、社会的礼儀が見事に融合したもので、世界中でその独自性と影響力を持つ、魅力的なものです。

もちろん、ChatGPT の作ったもの以外にも、訳してほしい英文を貼り付けて、それを日本語にしてもらうこともできます。

ChatGPT のさらに凄いことは、英文それ自体ではなく、その英文が載った URL を貼り付けるだけで、そのページにある英文を翻訳してくれることです。URL から訳してもらうには、Web 検索が必要なので、有料版の GPT-4 で WebPilot のプラグインを使いましょう。試しに、先ほどの英文に出てきた「シェイクスピア」について、Wikipedia の URL を貼って、日本語に訳してもらいましょう。

以下のURLの文章を翻訳してください。
https://en.wikipedia.org/wiki/William_Shakespeare

ウィリアム・シェイクスピア（1564年4月26日洗礼 - 1616年4月23日）は、英国の劇作家、詩人、俳優であり、英語の最も偉大な作家であり、世界最高の劇作家とされています。彼はしばしば、イングランドの国民詩人や「エイヴォンの吟遊詩人」（または単に「吟遊詩人」）と呼ばれます。彼の現存する作品は、共作を含む39の劇、154のソネット、3つの長編叙事詩、および一部の著者不明の詩から成ります。彼の劇は全ての主要な現代言語に翻訳され、他の劇作家のものよりも頻繁に上演されています。シェイクスピアは英語の最も影響力のある作家であり、彼の作品は引き続き研究され、再解釈されています。

シェイクスピアはストラトフォード・アポン・エイヴォン、ウォリックシャーで生まれ育ちました。18歳のときにアン・ハサウェイと結婚し、彼女との間に三人の子供、すなわちスザンナと双子のハムネットとジュディスをもうけました。1585年から1592年の間に、彼はロンドンで役者、作家、そして「ロード・チェンバレンズ・メン」と呼ばれる劇団の一部所有者として成功したキャリアを開始しました。これは後に「キングズ・メン」として知られるようになります。49歳（おおよそ1613年）になると、彼はストラトフォードに退職したと見られ、そこで三年後に亡くなりました。シェイクスピアの私生活に関する記録はほとんど残っていないため、彼の容貌、性格、宗教観、彼の名になされた作品が本当に彼自身によるものかどうかなど、多くの憶測を呼んでいます。

シェイクスピアは彼の知られた作品の大部分を1589年から1613年の間に生み出しました。彼の初期の劇は主に喜劇と歴史劇で、これらのジャンルで生み出された最高の作品とされています。その後、彼は主に悲劇を書き始め、その中には「ハムレット」、「ロミオとジュリエット」、「オセロ」、「リア王」、「マクベス」など、英語の最も優れた作品とされるものが含まれます。彼の人生の最終段階では、彼は悲喜劇（ロマンスとも呼ばれる）を書いたり、他の劇作家と共同で作品を作ったりしました。

シェイクスピアの劇の多くは、彼の生涯中にさまざまな品質と正確さの版で出版されました。しかし、1623年に、シェイクスピアの同僚で友人だったジョン・ヘミングズとヘンリー・コンデルが、シェイクスピアの戯曲を36作品含む集大成版、通称「ファースト・フォリオ」を出版しました。この版の序文には、シェイクスピアのかつてのライバルであったベン・ジョンソンによる予見的な詩が含まれており、そこでジョンソンはシェイクスピアを「時代を超越した存在」と賞賛しました。

ChatGPTが翻訳してくれたのは、Wikipedia冒頭の「要約」部分です。シェイクスピアのWikipediaのページはさすがに長すぎたためにここで止まってしまったのか、「キリのいいこの部分まででよい」とChatGPTが判断して翻訳をやめたのかはわかりません。また、現在のChatGPTは扱える文字数に制限があるので、あまりにも長い英文の場合、訳している途中で止まってしまったりエラーが出ることもあります。

「Continue generating」のボタンが表示されている場合は、それをクリックすることで出力が再開されます。そのボタンが表示されていない場合には、「続けて」と指示すると、続きを出力してくれます。

13 英語の長文の中の文法を解説してもらう

ChatGPTが作ってくれる英文は、日本人の英語学習者向けに作られた英文ではないため、知らない単語や表現もたくさん出てきますし、文の構造自体が少し複雑だったり、日本人からすると読みづらいと感じる構成になっていたりします。ChatGPTに日本語訳を作ってもらい、それと照らし合わせながら読み解いていくのもよいですが、「文法的に正しく理解したい」「最初から日本語訳に頼りたくない」という場合には、ChatGPTに文法の解説も頼んでみましょう。

「次の英文の文法を解説して」と頼んで、該当する英文を貼り付けるだけで、ChatGPTが丁寧に解説してくれます。文法まで解説してくれるなんて本当に英語の先生みたいですよね。「文法を解説して」と頼んでいるため、文法用語もたくさん出てきますが、それらの意味を詳しく知らなくても説明は理解できると思います。ただ、英文法が全くわからない・全然覚えていないという場合など、どうしても難しく感じる場合は、まずは基本的な文法を押さえることをおすすめします。その場合には、第8章の「ChatGPTで英文法を学ぶ」を参考に、文法の学習を進めてみてくださいね。

では、先ほど「11 英語の長文を作ってもらう」でChatGPTが作ってくれた「イギリスの文化」に関する英文の最初の一文「British culture, rich and diverse, is an amalgamation of centuries-old traditions intermingled with modern innovations and influences.」について文法の解説をしてもらいましょう。いきなり、なかなか難しい英文になっているのではないでしょうか。

次の英文の文法を解説してください。
British culture, rich and diverse, is an amalgamation of centuries-old traditions intermingled with modern innovations and influences.

この文は非常に良い英文で、いくつかの文法概念を含んでいます。

1. **主語と述語：** この文の主語は "British culture" で、述語は "is" です。この二つが結びつくことで文は完全なものとなります。文の主要な情報は "British culture is an amalgamation of centuries-old traditions intermingled with modern innovations and influences" という形で提供されています。

2. **修飾子：** "rich and diverse" は形容詞で、"British culture" を修飾しています。これらの形容詞は主語の特性や性質を詳しく説明します。

3. **非制限的修飾節：** カンマで囲まれた "rich and diverse" は、非制限的修飾節と呼ばれます。これは主語（この場合は "British culture"）に追加情報を提供しますが、その主語が文の意味を理解するのに不可欠なものではありません。
つまり、"British culture is an amalgamation of centuries-old traditions intermingled with modern innovations and influences" という文は、"rich and diverse" がなくても成立します。

4. **複合名詞：** "centuries-old traditions" は一種の複合名詞で、"centuries-old" が "traditions" を修飾しています。この形式では、ハイフンが用いられることが多く、それ

により "centuries" と "old" が一つの形容詞となり、それが "traditions" を修飾します。

5. 名詞句："an amalgamation of centuries-old traditions intermingled with modern innovations and influences" は長い名詞句で、文の主語に対する述語の補語として機能します。この句の中心となる名詞は "amalgamation" で、"of centuries-old traditions intermingled with modern innovations and influences" は前置詞句で、"amalgamation" に詳細を加えています。

6. 現在分詞："intermingled" は現在分詞で、"centuries-old traditions" と "modern innovations and influences" が混ざり合っている状態を表しています。

全体として、この文は非常によく構成されており、英語の文法のさまざまな概念を豊富に使用しています。

上から順に読んでいくことで、文を解釈できるような解説になっていますね。British culture is an amalgamation of ~（イギリスの文化は、～が混ざりあったものです）というのが文の核になっていることがわかるだけでも、一気に読みやすくなると思います。ちなみに、「amalgamation」という単語は難しいですが、この意味をChatGPTに聞くと「"Amalgamation" とは、複数の異なる要素が混ぜ合わされて一つの全体を形成すること、またはその結果生じたものを指す英語の単語です。これは物理的なものだけでなく、抽象的な概念や文化的な要素にも適用されます。」と教えてくれました。

「修飾子」や「複合名詞」などは知らなくても、それぞれ「これがここを修飾しているのか」「2つの単語がくっついて形容詞のようになっているのか」というぐらいに理解できれば十分だと思います。

14 英語のレベルを指定して長文を作ってもらう

自分の指定したテーマや単語を使って英文を作ってくれるだけでもとても便利なのですが、さらに凄いのは、英文のレベルを指定すると、そのレベルに合った語彙や表現を用いて英文を作成してくれることです。ChatGPT の出してくる英文は、日本人の英語学習者向けのものではないので、英語初級者の方にとっては難しく読みづらく感じるかもしれませんし、反対に TOEIC や英検など試験勉強をしている方にとっては、もう一段階難しい単語がたくさん含まれている英文を読みたいな、と感じるかもしれません。そんなときに使えるのが「**英文のレベルを指定する**」**こと**です。

日本人にとっては、英検や TOEIC などを基準に英語力を測ることが一般的ですが、ChatGPT は英検の級や TOEIC のスコアで伝えても、よくわかってくれません。ChatGPT に英語のレベルを伝えるときには世界共通の基準である「CEFR（セファール）」を使うと、通じやすいです。CEFR というのは、英語をはじめとする外国語の習熟度や運用能力を評価する国際的な基準です。レベルは下から順に「A1」「A2」「B1」「B2」「C1」「C2」となっており、TOEIC や英検のレベルと照らし合わせると、次の表のようになっています。英語初級者の方であれば「A1= 英検 3 級（中学卒業程度）」、TOEIC600 点程度の方なら、「B1= 英検 2 級（高校卒業程度）」レベルが一番近いと思います。

CEFR と TOEIC・英検の対照表

<table>
<tr><th>CEFR</th><th>TOEIC Listening</th><th>TOEIC Reading</th><th colspan="2">英検</th></tr>
<tr><td>C1</td><td>490 ～</td><td>455 ～</td><td rowspan="2">1 級</td><td></td></tr>
<tr><td>B2</td><td>400 ～</td><td>385 ～</td><td rowspan="2">準 1 級</td></tr>
<tr><td>B1</td><td>275 ～</td><td>275 ～</td><td rowspan="2">2 級</td></tr>
<tr><td>A2</td><td>110 ～</td><td>115 ～</td><td rowspan="2">準 2 級</td></tr>
<tr><td>A1</td><td>60 ～</td><td>60 ～</td><td>3 級</td></tr>
</table>

（IIBC と英検の公開情報をもとに作成）

では、「豊かな生活を送るために」というテーマで、それぞれCEFR B1レベル（高校卒業程度）とCEFR A1レベル（中学卒業程度）の英文を作ってもらい、比較してみましょう。

① CEFR B1レベルの英文作成

200ワード程度のCEFR B1レベルの「豊かな生活を送るために」というテーマの英文を作ってください。

"Living a rich life" does not solely mean having a lot of money. It means creating a fulfilling, satisfying existence full of positive emotions and experiences. It means nurturing relationships with friends and family, taking time to enjoy hobbies and activities we love, and finding satisfaction in our work or studies.

To have a rich life, one needs to focus on physical and mental health. Eating well, exercising regularly, and getting enough sleep are all crucial. However, maintaining mental health is just as important. This includes managing stress, seeking help when needed, and practicing self-care, mindfulness, or meditation.

Personal growth is also key. We should always be learning, trying new things, or working on improving ourselves. It's about setting personal goals and not being afraid to step outside of our comfort zone.

Finally, giving back to others enriches our lives. Helping others, being kind, and contributing to our community can make us feel connected and purposeful.

Remember, everyone's rich life will look different. It's not about keeping up with others but finding what truly brings you joy, balance, and fulfillment.

日本語訳

「豊かな生活」とはお金がたくさんあることだけを指すのではありません。それは肯定的な感情や体験に満ちた、充実した満足のいく生活を作り出すことを意味します。それは友人や家族との関係を育むこと、好きな趣味や活動を楽しむ時間を持つこと、そして仕事や学習に満足感を見つけることを意味します。

豊かな生活を送るためには、身体的、精神的健康に焦点を当てることが必要です。良い食事をする、定期的に運動する、十分な睡眠をとることが非常に重要です。しかし、精神的健康を維持することも同じくらい重要です。これにはストレスの管理、必要なときに助けを求めること、自己ケア、マインドフルネス、瞑想の実践が含まれます。

また、自己成長も重要なキーとなります。私たちは常に学び、新しいことを試し、自己改善に取り組むべきです。それは個人的な目標を設定し、自分の快適なゾーンから一歩出ることを恐れないことです。

最後に、他人に還元することが私たちの生活を豊かにします。他人を助け、優しさを示し、コミュニティに貢献することで、私たちはつながりや目的意識を感じることができます。

覚えておいてください、豊かな生活は人それぞれ違う姿を示します。それは他人と同じになることではなく、あなたに真の喜び、バランス、そして充足感をもたらすものを見つけることです。

② CEFR A1レベルの英文作成

200ワード程度のCEFR A1レベルの「豊かな生活を送るために」というテーマの英文を作ってください。

"Rich life" does not mean having a lot of money. It is about being happy and healthy. It is important to spend time with friends and family. We should do things that we love, like playing games or reading books.

Eating good food is important for a rich life. We should eat fruits, vegetables, and other healthy foods. Exercise is also important. We can walk, run, or play sports to stay healthy. We need to sleep well every night too.

Learning new things can make our life rich. We can read books, watch movies, or listen to music. We can also learn from school or from our friends.

Being kind to others is also important. We can help our friends, family, and other people. This can make us feel good and happy.

A rich life is about being happy, not having a lot of money. We can live a rich life by taking care of our health, learning new things, and being kind to others.

日本語訳

「豊かな生活」とは、大金を持っていることを意味するのではありません。それは幸せで健康であることについてです。友人や家族と過ごす時間は重要です。私たちは自分たちが好きなことをするべきです。たとえばゲームをしたり、本を読んだりです。

良い食事を摂ることは豊かな生活に重要です。私たちは果物、野菜、他の健康的な食品を食べるべきです。運動もまた重要です。私たちは健康を維持するために散歩したり、走ったり、スポーツをしたりすることができます。そして、毎晩しっかりと眠ることが必要です。

新しいことを学ぶことも私たちの生活を豊かにします。私たちは本を読んだり、映画を見たり、音楽を聞いたりすることができます。また、学校や友人から学ぶこともできます。

他人に優しくすることもまた重要です。私たちは友人や家族、他の人々を助けることができます。これは私たち自身を良く、幸せに感じさせることができます。

豊かな生活とは、大金を持っていることではなく、幸せであることです。健康を維持し、新しいことを学び、他人に優しくすることで豊かな生活を送ることができます。

①の CEFR B1 レベルの英文は、難しめの単語もいくつか含まれていますし、一文が長めに作られていますね。「○○，△△ and □□」といった並列の表現が多いですが、それらが単語単位の並列ではなく、文単位になっているので複雑に見えます。たとえば３文目の「It means nurturing relationships with friends and family, taking time to enjoy hobbies and activities we love, and finding satisfaction in our work or studies.」は、核となるのは「It means nurturing relationships ～，taking time ～ and finding satisfaction ～」ですね。ただ、「～」以下が長いので難しく感じるかもしれません。まさに、高校までの英語をきちんと勉強してきた人であれば、ところどころわからない部分があってもだいたい読める、といった難易度ではないでしょうか。

②の CEFR A1 レベルのほうは、「○○，△△ and □□」の表現も、「We should eat fruits, vegetables, and other healthy foods.」というように、単語単位での並列になっているのでわかりやすいですね。また、一文もかな

り短くなっており、難しい単語もほとんど出てきません。ひとつめの英文に比べると抽象的な説明はほぼなく、具体的な例がたくさん含まれている印象です。中学までの英語の知識で読めそうな文章だと思います。

ちなみに「200ワード」と指定しましたが、①のB1レベルは180ワード、②のA1レベルは165ワードでした。

プロンプトの型

200ワード程度(1)のCEFR B1レベル(2)の「豊かな生活を送るために」(3)というテーマの英文を作ってください。

---

(1) ワード数は厳密には聞いてくれませんが、目安になります。長めに指定すると長めの文章を作ってくれますので、指定するようにしましょう。
(2) CEFRでレベルを指定しましょう。
(3) テーマが決まっていれば記載しましょう。

15 リーディング力アップのためのボキャビル

「英文を読んでいてわからない単語が出てきたときには、その都度ChatGPTに意味を聞くとよい」とお伝えしてきましたが、あまりにも難しい単語が多いときは、「質問する→意味を確認する→英文に戻る」の繰り返しでなかなか進まないこともあると思います。そんなときに便利なのが、英文の中から難しい単語をピックアップして単語リストを作ってもらう、という方法です。なんと、単語のピックアップからリスト化までChatGPTが自動でやってくれるのです。

英文をパッと見て難しい単語が多いと感じるときや、単語が苦手な方は、あらかじめ単語リストを作って日本語の意味をすぐ確認できるようにするのがおすすめです。わからない単語が出てきたら、リストで意味を確認できるので、スムーズに読み進められます。また、このリストは単語の復習にも使えますね。プロンプトで「表形式にしてください」と指示しておくことで、Excelや Google スプレッドシートにそのまま貼り付けられるので便利です。

それでは、まず「AIの進化で人間の役割はどう変化するか」についての英文をChatGPTに作ってもらい、その中の難しい単語のリストを作ってもらいましょう。

「AIの進化で人間の役割はどう変化するか」というテーマで150ワード程度の英文を作ってください。

As AI evolves, it's set to reshape human roles profoundly. AI's capacity to handle repetitive and mundane tasks will free humans to focus more on complex, creative endeavors requiring human judgment and emotional intelligence. This transition will see a shift in emphasis from manual and routine tasks towards strategic decision-making, innovation, and the development of more personal, empathetic relationships in both professional and personal realms. Furthermore, the advent of AI necessitates a strong ethical framework, making humans integral to establishing guidelines and regulations for AI use, emphasizing the irreplaceable nature of the human role in this transformative era.

使われている英単語の中で、難しい単語のリストを作ってください。英語、日本語の表形式にしてください。

もちろんです。以下が該当する難易度の高い単語とその日本語訳のリストです。

英語の単語	日本語の訳
evolves	進化する
reshape	再形成する
repetitive	繰り返しの
mundane	平凡な
endeavors	努力
judgment	判断力
emotional intelligence	感情知性
transition	移行
emphasis	強調

英語の単語	日本語の訳
manual	手作業の
strategic decision-making	戦略的意思決定
innovation	革新
empathetic	共感的な
realms	領域
advent	到来
necessitates	必要とする
ethical framework	倫理的枠組み
integral	不可欠な
establishing	確立する
guidelines	ガイドライン
regulations	規制
irreplaceable	代替不可能な
transformative	変革的な
era	時代

このように難しいと思われる単語をピックアップしてリストにしてくれました。該当の単語を先ほどの英文にマークするとこのようになります。かなりたくさんの単語を拾ってくれているのではないでしょうか。

As AI evolves, it's set to reshape human roles profoundly. AI's capacity to handle repetitive and mundane tasks will free humans to focus more on complex, creative endeavors requiring human judgment and emotional intelligence. This transition will see a shift in emphasis from manual and routine tasks towards strategic decision-making, innovation, and the development of more personal, empathetic relationships in both professional and personal realms. Furthermore, the advent of AI necessitates a strong ethical framework, making humans integral to establishing guidelines and regulations for AI use, emphasizing the irreplaceable nature of the human role in this transformative era.

ChatGPTは、どんな英単語が日本でそのまま外来語として使われているかまでは把握していないようです。innovationやguidelinesなど、私たちからすれば簡単な英語も入っていますね。反対に、profoundly「大いに」や、requiring「必要とする」など、リストにあってもいいのに、と思われる単語が入っていない場合もあります。このあたりは、自分のレベルに合わせて単語リストを修正していくとよいでしょう。「CEFR B1レベル以上の単語をリストにしてください」のようにレベル指定で単語リストを作ってもらってもいいですね。

日本語訳

AI が進化するにつれて、それは人間の役割を大いに変えることが予想されます。AI が反復的でありふれたタスクを処理する能力により、人間は人間の判断力と感情知性を必要とするより複雑で創造的な仕事に集中できるようになるでしょう。この変化は、手作業や反復的なタスクから戦略的な意思決定、革新、そしてプロフェッショナルな領域だけでなく個人の領域でもより人間的で共感的な関係の発展へと重点を移すことを意味します。さらに、AI の到来は強固な倫理的枠組みを必要とし、AI の使用に関するガイドラインや規制を確立するという人間の不可欠な役割を強調しています。これは、この変革的な時代における人間の役割の代替不可能性を強調しています。

プロンプトの型

使われている英単語の中で、難しい単語のリストを作ってください。
英語、日本語 (1) の表形式にしてください。

---

(1) 英語、日本語だけでなく、発音記号を入れてもらうこともできます。

16 レベルを指定して英文を書き換えてもらう

「14 英語のレベルを指定して長文を作ってもらう」で説明したとおり、ChatGPTは指定した英語のレベルに合わせて文を書き換えることができます。難しくて読めなかったネイティブ向けの英文も、簡単な英語に書き換えてもらえるので、ChatGPTを使えば、読めるものや得られる情報が一気に広がります。**おすすめの使い方のひとつは、アメリカの「CNN」やイギリスの「BBC」など、ネイティブ向けの英語のニュース記事を読んでみることです。**ニュースは毎日必ず新しい記事がたくさん出ますから、リーディングを継続するためにはとても良い教材になります。英語学習をしながら最新のニュースや世界の動向が知れるのもよいですね。

もうひとつおすすめなのは、洋書をChatGPTで簡単にしてもらい読んでみることです。私の著書『1ヶ月で洋書が読めるタニケイ式英語リーディング』の反響を見ていても、「洋書を読んでみたい」と思っている方はかなり多いように感じます。ただ、ネイティブの大人向けの洋書は、どうしても難しい単語がたくさん出てきますし、文の構造も複雑だったりします。英語のレベルを下げるとなると子ども向けの本になってしまい、それだと英語の学習にはなってもストーリー自体を本当に楽しめるか微妙なところです。

洋書というとペーパーバックのイメージが強いですが、実は「Project Gutenberg」（https://www.gutenberg.org/）というサイトを使えばオンライン上でも洋書を読むことができます。Project Gutenbergは、日本でいう青空文庫のようなデジタル図書館で、たくさんの電子書籍をインターネット上で公開しています。著作権の切れた書籍を取り扱っているので誰でも無料で読むことができます。会員登録やアプリは不要で、ブラウザでも読めますし、ダウンロードしてスマホやKindleなどで読むことも可能です。Project Gutenbergで読みたい洋書を探し、キリのいい段落までをコピー＆ペーストでChatGPTに貼り付けて「CEFR A1レベルの英語に書き換えて」と指示するだけで、一気に読みやすくなります。ChatGPTが扱えるデータ量は文字数で決まっているわけではないので、正確には言えませんが、2000ワードくらいまでであれば対応してくれます。「2000字」ではなく「2000ワード」(単語数でカウント)ですから、かなり長い文章も対応できます。

たとえば、コナン・ドイルの『The Adventures of Sherlock Holmes(シャーロック・ホームズの冒険)』の『A Scandal in Bohemia(ボヘミアの醜聞)』の冒頭部分を書き換えてもらいましょう。

以下の英文をCEFR A1レベルの英語に書き換えてください。

To Sherlock Holmes she is always the woman. I have seldom heard him mention her under any other name. In his eyes she eclipses and predominates the whole of her sex. It was not that he felt any emotion akin to love for Irene Adler. All emotions, and that one particularly, were abhorrent to his cold, precise but admirably balanced mind. He was, I take it, the most perfect reasoning and observing machine that the world has seen, but as a lover he would have placed himself in a false position. He never spoke of the softer passions, save with a gibe and a sneer. They were admirable things for the observer—excellent for drawing the veil from men's motives and actions. But for the trained reasoner to admit such intrusions into his own delicate and finely adjusted temperament was to introduce a distracting factor which might throw a doubt upon all his mental results. Grit in a sensitive instrument, or a crack in one of his own high-power lenses, would not be more disturbing than a strong emotion in a nature such as his. And yet there was but one woman to him, and that woman was the late Irene Adler, of dubious and questionable memory.

She is always referred to as "the woman" by Sherlock Holmes. He rarely mentions her by any other name. He believes she is superior to all other women. However, Holmes never had any feelings of love towards Irene Adler or any other emotions for that matter. He dislikes emotions and prefers to have a cold and precise mind. Holmes is known for his exceptional reasoning and observation skills, but he would never consider himself a lover. He never talks about his own feelings except to make fun of them. He thinks emotions are good for understanding other people's motives and actions but introducing them into his own thinking could create doubts in his mental results. Any strong emotion would disturb him, just like a foreign object in a delicate instrument. Despite this, Irene Adler, with her questionable memory, is the only woman who holds a special place in Holmes' heart.

日本語訳（原文）

シャーロック・ホームズにとって彼女は常に「女性」であり、ほかのどんな名前でも彼が彼女について話すことはめったにありません。彼の目には、彼女は彼女の性別全体を薄くして支配しています。彼はアイリーン・アドラーに対して愛に似た感情を抱いたわけではありませんでした。全ての感情、特にそれは彼の冷静で正確で見事にバランスの取れた心にとって忌まわしいものでした。彼はおそらく世界で最も完璧な推理と観察の機械であったのですが、恋人として彼は自分自身を誤った立場に置くことになったでしょう。彼は柔らかな情熱については決して話すことはありませんでした。皮肉と嘲笑を交えて、彼はそれらを素晴らしいものと考えていました。観察者にとっては素晴らしいもので、人々の動機や行動のベールを引き裂くために優れていました。しかし、訓練された理性の持ち主が自身の繊細かつ微妙に調整された気質にそうした干渉を認めることは、彼の全ての精神的な結果に疑念を投げかけるかもしれない、気を散らす要素を導入することでした。敏感な機器に砂が入るのと同じく、あるいは彼自身の高性能レンズにひびが入るのと同じくらい、彼のような性格に強い感情が生じることは、より混乱をもたらすものでした。それでも彼にとってただひとりの女性がいて、その女性こそが曖昧で疑わしい記憶の中の故アイリーン・アドラーだったのです。

日本語訳（CEFR A1レベル）

彼女は常にシャーロック・ホームズによって「その女性」と呼ばれます。彼が彼女を他の名前で言及することはほとんどありません。ホームズは彼女が他の全ての女性よりも優れていると信じています。しかし、ホームズがアイリーン・アドラーに対して愛情を抱くことや、その他の感情を抱くことは決してありませんでした。彼は感情を嫌い、冷静で精確な心を持つことを好みます。ホームズは、卓越した推理力と観察力で知られていますが、自分を愛人と考えることは決してありません。彼は自分の感情について話すことはなく、それをからかうだけです。彼は感情は他人の動機や行動を理解するためには良いが、それを自身の思考に導入すると、精神的な結果に疑問を生じさせる可能性があると考えています。強い感情は、繊細な楽器に異物が入ったように、彼を乱すでしょう。それにもかかわらず、記憶が怪しいアイリーン・アドラーだけが、ホームズの心の中で特別な場所を占めています。

CEFR A1レベルに書き換えてもらったことで、一気に読みやすくなったのではないでしょうか。ワード数も原文が206ワードなのに対して、書き換え後は150ワードとかなりすっきりしました。また、原文は単語が難しいだけでなく、比喩表現などが多いので一筋縄では訳せない部分も多々ありました。簡単なレベルに書き換えてもらうと、そのような難しい箇所もストレートな表現になるので、理解しやすくなります。たとえば、原文の3行目「In his eyes she eclipses and predominates the whole of her sex.」の一文は、「He believes she is superior to all other women.」（= ホームズは彼女が他の全ての女性よりも優れていると信じている）と書き換わっています。原文のほうは「eclipse」と「predominate」の単語が難しいのでChatGPTに意味を聞いてみると、このように教えてくれました。

以下にそれぞれの単語の意味を説明します。

Eclipse（イクリプス）：
「eclipse」とは、「日食」や「月食」という意味もありますが、この文脈では比喩的に使用されています。ここでは、「彼女がその性別全体を遮って優勢に立つ」という意味で使われています。つまり、彼女は他の女性たちよりも優れているということを表しています。

Predominate（プリドミネート）：
「predominate」とは、「支配的である」という意味です。この文脈では、彼女がその性別全体を支配していると表現されています。彼女は他の女性たちよりも優れているため、彼女が特別な存在として優位に立っているという意味です。

以上が「eclipse」と「predominate」の意味です。

この2つの単語の意味を知っていたとしても、この一文が「ホームズは彼女が他の全ての女性よりも優れていると信じている」という意味だと解釈するのはなかなか難しいですよね。

これまでは、洋書を読んでいて難しい一文にぶつかると「おそらく比喩的に使われてるんだろうな」などと推測しながら、その文の意味をなんとなくのイメージでとらえるしかありませんでした。しかし、ChatGPTに聞くと、こんなにわかりやすくその文の意味を解説してくれるのです。ChatGPTを使えば、何でも読める気がしてきますよね。英文をまるごと簡単なレベルに書き換えてもらわなくても、難しい文だけ簡単な英文に書き換えてもらってもいいですね。

また、ニュース記事や洋書以外にも、たとえばレポートや論文などを書いていて「一次情報にあたりたいけれど、英語が難しくて理解できない」といったときにも、ChatGPTにレベルを指定して英文を書き換えてもらうのはとても有用です。

ChatGPTを使えば、読めるものや得られる情報が一気に広がります。ぜひ、自分が理解できるレベルに英文を書き換えてもらい、どんどん英文を読んでいきましょう。

プロンプトの型

以下の英文を CEFR A1 レベル (1) の英語に書き換えてください。

（英文を貼り付け）

---

(1) どのレベルに書き換えてもらうかを指定しましょう。

17 英語の長文を要約してもらう

文章の要約ができてしまうのも ChatGPT の凄いところです。英文のニュース記事、雑誌記事などで長いものは、全く内容がわからずに読み始めるとなかなか骨が折れると思います。そんなときは、**ChatGPT に要約を作ってもらい、それを読んで大まかな内容を理解してから本文に挑戦するのがおすすめです。**要約が頭に入っているだけでとても読みやすくなります。

さらに、はじめに要約をすることで、本文の中で頻出かつ自分が知らない単語を先に知ることができるのもメリットです。要約には、本文でキーワードとなる単語が含まれています。いきなり長い英文に取りかかり、知らない単語にぶつかると、「その単語が、意味を知らないと本文理解に影響のある重要な単語なのか、意味がわからなくても流して問題のない単語なのか」の判断がつきませんよね。全部調べていては時間がかかりすぎますし、かといって流して読んでいたらその後も頻出の単語で、「最初から調べればよかった」と効率の悪い読み方になってしまったりします。ですから、先に要約を読んで重要な単語を調べて、きちんと内容を理解してから本文に取りかかると読みやすいと思います。もし内容理解に不安が残るようであれば、要約部分を ChatGPT に日本語に訳してもらうのもよいでしょう。

また、英語学習のためでなく、情報収集をしたい場合には、記事の全文を読まずに ChatGPT に内容を要約してもらい、要約部分だけを読めば、時間を節約することができますね。

では ChatGPT に関する Wikipedia の一部を要約してもらいましょう。

以下の英文を英語で要約してください。

ChatGPT (Chat Generative Pre-Trained Transformer) is an artificial intelligence chatbot developed by OpenAI and launched on November 30, 2022. It is notable for enabling users to refine and steer a conversation towards a desired length, format, style, level of detail, and language used. Successive prompts and replies are taken into account at each stage of the conversation as a context. While its content spans various domains of knowledge, ChatGPT has displayed a tendency to confidently provide inaccurate information.

By January 2023, it had become the fastest-growing consumer software application in history, gaining over 100 million users and contributing to OpenAI's valuation growing to US$29 billion. Within months, Google, Baidu, and Meta accelerated development of their competing products: PaLM-E, Ernie Bot, and LLaMA. Some observers expressed concern over the potential of ChatGPT to displace or atrophy human intelligence, and its potential to enable plagiarism or fuel misinformation.

ChatGPT is built upon GPT-3.5 and GPT-4, from OpenAI's proprietary series of foundational GPT models. These large language models (LLMs) have been fine-tuned for conversational applications using a combination of supervised and reinforcement learning techniques. ChatGPT was released as a freely available research preview, but due to its popularity, OpenAI now operates the service on a freemium model. It allows users on its free tier to access the GPT-3.5 based version, while the more-advanced GPT-4 based version, as well as priority access to newer features, are provided to paid subscribers under the commercial name "ChatGPT Plus".

ChatGPT, an AI chatbot developed by OpenAI and launched in late 2022, allows users to tailor conversation characteristics. Despite its rapid growth, surpassing 100 million users by January 2023 and boosting OpenAI's valuation to $29 billion, it has received criticism for sometimes providing inaccurate information and potential misuse. Rival tech companies such as Google, Baidu, and Meta have sped up the development of their own versions. Based on OpenAI's GPT-3.5 and GPT-4 models, ChatGPT has been fine-tuned for chat applications. Initially a free service, the popularity of ChatGPT led to a freemium model with an advanced paid version, "ChatGPT Plus".

日本語訳（原文）

ChatGPT（Chat Generative Pre-Trained Transformer）は、OpenAIによって開発され、2022年11月30日にリリースされた人工知能チャットボットです。このツールは、ユーザーが会話を目指す長さ、形式、スタイル、詳細度、使用言語に向けて調整し、方向づけることを可能にしています。連続するプロンプトと返答は、会話の各段階での文脈として考慮されます。ChatGPTの内容はさまざまな知識領域にまたがっている一方で、誤った情報を自信を持って提供する傾向を示しています。

2023年1月までに、ChatGPTは歴史上最も急速に成長した消費者向けソフトウェアアプリケーションとなり、1億人以上のユーザーを獲得し、OpenAIの評価額を290億ドルまで高めました。数ヶ月以内に、Google、Baidu、Metaはそれぞれ競争製品であるPaLM-E、Ernie Bot、LLaMAの開発を加速しました。一部の観察者は、ChatGPTが人間の知能を取って代わるか萎縮させる可能性、または剽窃を助長したり、誤情報を煽る可能性について懸念を表明しています。

ChatGPTは、OpenAIの独自の基本的なGPTモデルシリーズ、GPT-3.5とGPT-4に基づいて構築されています。これらの大規模言語モデル（LLM）は、監督学習と強化学習の技術の組み合わせを用いて、会話応用のために微調整されています。ChatGPTは無料で利用できるリサーチプレビューとしてリリースされましたが、その人気によりOpenAIは現在、フリーミアムモデルに基づいてこのサービスを運営しています。それにより、無料プランのユーザーはGPT-3.5ベースのバージョンにアクセスでき、より先進的なGPT-4ベースのバージョンや新機能への優先アクセスは、有料加入者に「ChatGPT Plus」という商用名で提供されています。

日本語訳（要約）

OpenAIによって開発され、2022年末に公開されたAIチャットボットのChatGPTは、ユーザーが会話の特性を調整できるようにするものです。2023年1月までにはユーザー数が1億人を超え、OpenAIの評価額を290億ドルに押し上げるなど急速な成長を遂げましたが、時折不正確な情報を提供することや、潜在的な悪用について批判を受けています。Google、Baidu、Metaなどの競合他社はそれぞれのバージョンの開発を急ピッチで進めています。OpenAIのGPT-3.5とGPT-4モデルを基にして構築されたChatGPTは、チャットアプリケーションに特化するように微調整されています。当初は無料のサービスでしたが、ChatGPTの人気に伴い、進んだ有料版「ChatGPT Plus」を含むフリーミアムモデルへと移行しました。

　このように、252ワードの英文を101ワードで要約してくれました。
　ちなみに、もっと長い英文を要約してもらう場合、ChatGPTが途中で止まってしまうことがあります。その際には「Continue generating」のボタンをクリックして続けてもらうようにしてください。また、今回はワード数の指定はしていませんが「80ワード以内で要約して」のようにリクエストすることもできます。

18 子ども向けに英語で物語を作ってもらう

お子さんに英語を身につけてほしいと思っている方や、英語の読み聞かせをしたいと思っている方におすすめなのが、ChatGPTに子ども向けの物語を作ってもらう方法です。子ども向けの英語の絵本や本はたくさんありますが、ChatGPTを使えば、お子さん自身を主人公にしたり、お子さんの好きなものやキャラクターが登場する物語を作ることができます。お子さんがより楽しんでくれるでしょう。

大人向けの短い小説も作れるのですが、実感としては、大人が楽しめるような本格的なストーリーを作ってもらうのはなかなか難しそうです。内容がそこまで面白くないのです。とはいえ、プロンプトを工夫することで、面白いストーリーが作れる可能性もありますので、興味のある方はご自身の好きな物語を作ることも試してみてください。

お子さん向けの物語を作るには、ChatGPTにこのようにリクエストします。

4歳児向けの物語を300ワード程度の英文で作ってください。
・主人公の名前はHarutoです。
・物語の中で、電車、恐竜、りんご、お気に入りのリュックを出してください。
・冒険のストーリーにしてください。
・ハッピーエンドにしてください。

Once upon a time, in a small town in Japan, there lived a brave 4-year-old boy named Haruto. He had a favorite backpack, blue with pictures of roaring dinosaurs, that he carried everywhere he went.

One day, Haruto's mom packed him a juicy apple and said, "Today is a special day, Haruto! We're taking a train ride to Dinosaur Park." Haruto's eyes lit up with joy. He grabbed his favorite dinosaur backpack and off they went.

At the train station, they boarded a large and exciting train. Haruto was amazed by the chug-chug sound it made. As he bit into his juicy apple, he watched the passing scenery with wonder. Trees, houses, and fields zipped by like a fast movie.

Once they arrived at Dinosaur Park, Haruto could hardly contain his excitement. He put on his backpack, ready to explore. Suddenly, he noticed a trail that led into the lush forest. "Let's see what's there!" Haruto said, his eyes gleaming with adventure.

Inside the forest, he found a life-sized dinosaur statue. Haruto was a little scared, but remembering the dinosaurs on his backpack, he bravely approached it. As he got closer, the dinosaur statue moved! It was a real dinosaur, but it was friendly and gentle. Haruto couldn't believe his eyes!

The dinosaur noticed Haruto's apple, now a core, in his hand. With a soft nudge, it expressed its wish to have it. Haruto, though surprised, handed over the apple core to the dinosaur who ate it with delight.

With a happy roar, the dinosaur gave Haruto a ride back

to the park. It was the most thrilling adventure Haruto ever had. When it was time to leave, Haruto gave his new friend a hug and promised to come back. That night, Haruto fell asleep clutching his dinosaur backpack, dreaming of his next train adventure to see his dinosaur friend. And they lived happily with their adventurous memories.

And so, Haruto's journey taught him that bravery and kindness could turn the scariest dinosaurs into the best of friends.

日本語訳

昔々、日本の小さな町に、勇敢な４歳の男の子、ハルトが住んでいました。ハルトはどこへ行くにも常に背負っていたお気に入りのリュックがあり、それは青色で恐竜の絵が描かれていました。

ある日、ハルトのお母さんがジューシーなリンゴを詰めて、「今日は特別な日よ、ハルト！恐竜公園へ電車に乗って行くんだよ」と言いました。ハルトの目は喜びで輝き、お気に入りの恐竜のリュックをつかんで出発したのです。

駅で彼らは大きくてワクワクする電車に乗り込みました。ハルトは電車の「シュッシュッ」という音に魅了されました。彼はリンゴにかじりつきながら、素晴らしい風景を見て感動していました。木々や家々、畑が速い映画のように通り過ぎていきました。

恐竜公園に到着すると、ハルトは興奮を抑えることができませんでした。彼はリュックを背負って探検の準備をしました。すると、茂った森へ続く小道を見つけました。「そこを見てみよう！」とハルトは冒険心に満ちた目で言いました。

森の中には等身大の恐竜の像がありました。ハルトは少し怖がりましたが、リュックの恐竜を思い出し、勇敢に近づきました。しかし近づいてみると、恐竜の像が動きました！それは本物の恐竜だったのですが、とても友好的で優しかったのです。ハルトは自分の目が信じられませんでした！

恐竜はハルトの手に握られたリンゴの芯に気づきました。恐竜はソフトにハルトに頭を押し当てて、それが欲しいと伝えました。ハルトは驚きつつも、リンゴの芯を恐竜に手渡しました。恐竜はそれを喜んで食べました。

恐竜は喜びの声をあげて、ハルトを公園まで乗せて行ってくれました。それはハルトが今までに経験した中で最もスリリングな冒険でした。帰る時間になったとき、ハルトは新しい友達に抱擁をし、再び会うことを約束しました。その夜、ハルトは恐竜のリュックを抱えて眠り、次の電車の冒険と恐竜の友達との再会を夢見ました。そして彼らは冒険の思い出と共に幸せに暮らしました。

そして、ハルトの旅は彼に、勇敢さと優しさが最も恐ろしい恐竜さえ最高の友達に変えることができると教えてくれました。

主人公の男の子ハルトが恐竜公園に行くと、そこに置かれていた恐竜が本物に変わり、最後はハルトと恐竜が仲良くなる、というお話を作ってくれました。電車、恐竜、りんご、お気に入りのリュックという、その子の好きなものを物語に盛り込むよう指定したので、「恐竜と仲良くなる」というメインストーリーの中にも、それぞれの要素が出てきていますね。

さらに凝ってみたい方は、ChatGPT が作ってくれた英文の段落ごとに、そのシーンに合ったイラストや画像を AI に作ってもらって英文の下に貼り付けたり、お子さんと一緒にシーンに合った絵を描いてみたりして、オリジナルの絵本を作っても楽しそうですね。

今回はプロンプトで「4 歳児向けの物語」と指定しましたが、ここは自分の子どもの年齢や英語のレベルに合わせて調整するとよいでしょう。子どもが自分で英文を読めるようになってからは、子どものリーディング力を伸ばすためにも、いろんな物語を作ってみるといいですね。

もちろん英語ではなく日本語でも物語を作れますので、お子さんのいる方は英語日本語問わず、我が子を主人公にした物語を ChatGPT に作ってもらうと楽しいと思います。

プロンプトの型

4歳児向け(1)の物語を300ワード(2)程度の英文で作ってください。
・主人公の名前はHaruto(3)です。
・物語の中で、電車、恐竜、りんご、お気に入りのリュック(4)を出してください。
・冒険(5)のストーリーにしてください。
・ハッピーエンド(6)にしてください。

---

(1) 何歳児向けのお話かを書きましょう。年齢を上げれば上げるほど、使われる単語も難しくなります。
(2) 長さ（ワード数）を指定しましょう。あまり長いと読むのが大変ですから、300ワードを基準に調整してみるのがおすすめです。
(3) 登場人物の名前を書きましょう。自分の子どもを主人公にすると楽しいですね。
(4) 物語の中に登場させたいものや人物がいれば書きましょう。子どもの好きなものや、子どものお友だちを出してあげると喜ばれそうですね。
(5) 物語のジャンルや場面設定があれば書きましょう。「お菓子の国に行くストーリーにしてください」など具体的に書くのもよいでしょう。
(6) 自分の子どもを主人公にしている場合などは、ハッピーエンドと指定しておくことで、必ず幸せに終わってくれるのでおすすめです。

ChatGPTで
ライティングを学ぶ

CHAPTER 04

ChatGPTでライティングを学ぶ

ライティングはひとりでもできるおすすめのアウトプットの方法ですが、独学で行うときに難しいのが、正しい英文が書けているかどうかを確認することではないでしょうか。自分の書いた英文を添削するには、添削してくれる「リアルな先生の存在」がどうしても必要でした。これまでは、英会話スクールの先生やオンライン英会話の先生に英文を送ってチェックしてもらったり、あるいは英文添削を行ってくれるサービスを利用したりしていたと思います。しかし今や、ライティングにおいてもChatGPTが最高の先生になってくれます。しかも、人間の先生と違って瞬時に答えが返ってくるので、いつでもどこでも添削を頼めるのです。

これは日本語でも同じですが、英語でもメールの書き方、エッセイの書き方など、よく使う型や表現がある程度決まっています。また、英語は日本語と比べてカジュアルな言語だと思われていますが、英語でも相手が友人なのか上司なのかで使うべき表現は変わります。後から添削してもらうのもいいけれど、書きながら「こういうときに使う適切な表現が知りたい」と思ったとき、ChatGPTならその場ですぐに聞けるのが便利です。

それから、毎日ライティング練習をしていると、お題に困ることもありますよね。今日食べたものや仕事の話ばかりでは、同じようなことを書くばかりで、使える単語や表現の幅も広がっていきません。ChatGPTはネタ出しも得意なので、ぜひライティングのお題も出してもらいましょう。

この章で紹介する ChatGPT 活用法はこちら

19. ライティングのお題を出してもらう
20. ライティングを添削してもらう
21. ライティングに使える表現を教えてもらう
22. 特定の表現を使った例文を作成してもらう
23. 英語のメールを作ってもらう
24. 状況や丁寧さを指定して書き換えてもらう

19 ライティングのお題を出してもらう

ライティングの練習でよく聞く方法に「英語で日記を書いてみる」というのがあります。実際に自分が経験したことや感じたことを書くので、気軽に楽しく書けるでしょう。そして日記なら毎日続けやすいですよね。とはいえ、学生も社会人も基本的に平日は似たような生活を送っていて、そんなに毎日特別なことが起こることはありません。書く内容が似たものになってしまいがちです。また日記だと、自分の生活に直接関係ない事柄について書くことはほとんどありません。そうすると、新しい単語や表現を使う機会がなく、なかなかアウトプットの幅を広げられない、という課題があります。

試験であれば、自分があまり詳しくないテーマが出題されて、それについてライティングしなければならなくなるかもしれませんし、実際に外国人と話をしてみると、政治や歴史、文化など、日本人同士ではほとんど触れない話題について聞かれることも多いです。こうしたさまざまなトピックに対応できるためには、使える単語や表現の幅を広げたり、そのテーマについて考えて、自分の意見を言えるようになる必要があります。

そのようなバリエーションに富んだお題を、毎回自分で考えるのは難しいので、ChatGPT にお題を出してもらうのがおすすめです。ChatGPT なら無限にお題を出してくれますから、毎日ひとつライティングの練習をしていったとしても、ネタ切れになることはありません。では、ChatGPT は一体どんなお題を出してくれるのでしょうか。

英語のライティング練習のお題を出してください。

Absolutely! Here are a few writing prompts in English for you to practice with:

1. Write about the most unforgettable experience you had while traveling. Where did it happen and what occurred? Describe in detail how you felt about it.

2. What is the most influential book you have ever read? Write about why it made such an impact on you, and how it has affected your life or way of thinking.

3. How do you think technological advancements are impacting today's society? Consider aspects such as communication, education, and entertainment, and discuss the positive or negative effects.

4. If a character from your favorite movie or book were your friend in real life, who would it be? What would your days look like spending time with this character?

5. How do you envision the world in 2050? From the standpoint of technology, society, and environment, express your predictions or aspirations.

These prompts provide an opportunity to share your perspectives, feelings, and experiences, all while enhancing your English writing skills. Enjoy the process!

日本語訳

もちろんです！ここに、練習用の英文ライティング・プロンプトがいくつかあります：

1. 旅行中に経験した最も忘れられない体験について書いてみてください。どこで何が起こったのか？詳細にあなたがどのように感じたのかを記述してみてください。

2. これまでに読んだ本の中で最も影響力があったものは何ですか？なぜそれがあなたに大きな影響を与えたのか、そしてそれがあなたの人生や思考方法にどのように影響を与えたのかについて書いてみてください。

3. テクノロジーの進歩が今日の社会にどのような影響を与えていると思いますか？コミュニケーション、教育、エンターテイメントなどの観点から、ポジティブな影響やネガティブな影響について議論してみてください。

4. あなたのお気に入りの映画や本のキャラクターが現実の友人だったとしたら、それは誰になりますか？そのキャラクターと過ごす日々はどのようになると思いますか？

5. 2050年の世界はどのように見えると思いますか？テクノロジー、社会、環境などの観点から、あなたの予測や希望について述べてみてください。

これらのお題はあなたの視点、感情、経験を共有する機会を提供し、英語のライティングスキルを向上させることができます。楽しんでください！

このように、5つのお題を出してくれました。どれもなかなか面白くて、でもきちんと考えて書く必要がある内容になっていますね。お題の数は、指定をしなければランダムに回答され、1つだけ回答してくることもあります。また、特にライティング練習をしたいテーマが決まっている場合には、たとえば「教育をテーマにしたライティング練習のお題を英語で出して」のようにテーマを指定してお題を出してもらいましょう。

20 ライティングを添削してもらう

ライティングをしたら、「文法は合っているだろうか」「ネイティブにとって不自然な表現になっていないだろうか」「言いたいことが伝わっているだろうか」と、気になることは山ほどありますよね。これまでは、先生に直してもらったり、添削サービスや添削ツールを使うしかありませんでしたが、ChatGPTなら一瞬で英文を添削してくれます。**プロンプトできちんと指示をしておけば、添削した箇所と添削理由も教えてくれるので、本当に先生のようです。**

では、一体どのような添削を行ってくれるのか、実際に試してみましょう。ここでは、ChatGPTに出してもらったライティングのお題「If you could have any superpower, what would it be and why?」(=もし何の超能力でも持つことができるとしたら、それは何になりますか？ そしてなぜですか？)についてライティングしたものを添削してもらいます。

以下の英文を添削して、添削した箇所と添削した理由を表形式で教えてください。添削した理由は日本語で書いてください。

If I could have a superpower, I want to have one that I can live completely healthy until my life ends. This is because I don't want to straggle with pain, sickness and feeling bad. In everyday life, I want to avoid making my performance get lower for work and hobbies because of the sickness, and in a larger life span, I don't want my family to spend their precious time to take care of me who is sick and need to lie on the bed all day.

Original	Correction	Reason
If I could have a superpower, I want to have one that I can live completely healthy until my life ends.	If I could have a superpower, I would want one that allows me to live completely healthy until my life ends.	"If I could have" という仮定法の文脈に対して、"I want to have" は適切ではありません。代わりに "I would want" を使うことで、英文はより自然になります (a)。
This is because I don't want to straggle with pain, sickness and feeling bad.	This is because I wouldn't want to struggle with pain, sickness, and general discomfort.	「straggle」は適切な語ではなく、適切な語は「struggle」です (b)。また、"Feeling bad" は非常に広範で主観的な表現なので、具体的な "general discomfort" を用いることで明確性を向上させます。また、同様に "I don't want" を仮定法に合わせて "I wouldn't want" に修正します。
In everyday life, I want to avoid making my performance get lower for work and hobbies because of the sickness,	In everyday life, I want to avoid having my performance in work and hobbies compromised due to illness,	一般的に「performance get lower」よりも「performance compromised」のほうが自然な表現です (c)。また、「the sickness」よりも「illness」のほうが一般的な表現です。

添削前の英文で言いたかったこと

もし超能力を持つことができるなら、死ぬまで完全に健康で生きられる力が欲しいです。なぜなら、痛みや病気や気分の悪さに苦しみたくないからです。日常生活においては、具合の悪さによって仕事や趣味のパフォーマンスを落としたくないですし、もっと大きなライフスパンでいえば、病気で寝たきりになった自分の面倒をみるために家族に貴重な時間を費やしてほしくないからです。

このように添削した箇所と理由を表形式で教えてくれます。どんな添削をしてくれたのか、内容を見てみましょう。

(a) は文法の指摘です。文が「If I could have」という仮定法で始まっているので、カンマ以降の節も仮定法で統一するように教えてくれています。

(b) はスペルミスの指摘です。「struggle」という単語を「straggle」と書いてしまっていたので教えてくれました。

(c) は自然な表現に訂正してくれています。日本語では「パフォーマンスが下がる」という言い方をするので、そのニュアンスのまま英語にしたところ、ChatGPTがより英語らしい表現で書き換えてくれました。

もし、書き換わった英文に難しい単語が含まれていたり、文構造が複雑だったりして、自分の意図を正しくくみ取っているのか心配になるときには、それもChatGPTに聞いて確認してみましょう。ちなみに今回は「compromise」の意味がわからないと正しく添削されているかわかりません。ですので、このように聞いてみます。

"my performance in work and hobbies compromised due to illness" はどういう意味ですか？

この文は、「私の仕事や趣味におけるパフォーマンスが病気により悪化する（もしくは影響を受ける）」という意味を持ちます。

ここで使用されている「compromised」は、「損なわれる」または「影響を受ける」という意味の形容詞（過去分詞）です。そして「due to illness」は「病気のために」という意味で、パフォーマンスが損なわれる原因を指しています。

スペルや文法の間違いだけでなく、こちらの意図をくみ取って、その意図を変えずに、よりナチュラルな表現に修正してくれるのは本当にありがたいですよね。ただ、添削の精度にはブレがありますので、もっと詳しく教えてほしいときには「この部分がなぜおかしいのか、もっと詳しく教えて」などと続けて質問しましょう。また、必ずしも間違っているから直してくるわけではなく、「こちらのほうがより慣用句的な表現になります」といった、かなりレベルの高い修正提案をしてくることもあります。

プロンプトの型

以下の英文を添削して、添削した箇所と添削した理由(1)を表形式(2)で教えてください。添削した理由は日本語で書いてください。(3)

（英文を貼り付け）

---

(1) 添削した箇所と添削した理由は必ず教えてもらうように指示しましょう。これを書いておかないと、添削後のきれいな英文が表示されるだけになってしまいます。それでは、どこがどう書き換わったのか探すのが大変ですし、なぜ直されたのかもわかりません。
(2) 必ずしも表形式にする必要はありませんが、表形式で出してもらったほうが、「元の英文」と「修正後の英文」「修正の理由」が一目瞭然なのでおすすめです。
(3)「添削した理由」は、「日本語で」と指示しておかないと英語で説明されることがあります。英語でもわかる人は構わないのですが、英語のせいで添削理由を理解できないのでは本末転倒です。心配な方やきちんと理解したい方は、「日本語で」と書いておくと安心です。

Column2：ChatGPT が英語エッセイの自動採点に使える？！

関西大学の水本篤教授が「ChatGPT を使った英語エッセイの自動採点の精度はどの程度なのか」を調査した論文（Exploring the potential of using an AI language model for automated essay scoring）を海外の論文誌『Research Methods in Applied Linguistics』に出されました。水本教授ご自身による論文の解説では、結論として以下のようにまとめられています。

- GPT だけで自動採点するとまあまあの精度。
- ハイステークスなテストに使えるレベルではない。
- 言語的特徴量を入れると精度が大幅に上がる。
- 学習や指導、評価のサポート・ツールとしては使えるだろうというレベル。
- （これまでの自動採点で言われていることと同じで）GPT だけでは精度が高くないので、人間の採点も組み合わせたほうがよい。

人間の採点も組み合わせたほうがいいとはいえ、ある程度自動採点にも使えるようです。これは、英語学習者が自分のライティングを自己採点したり、学校の先生方が一次採点をしたりするのに使える可能性がありますね。これからも ChatGPT を活用する方法について、どのように研究が進んでいくのか、とても楽しみです。

水本篤教授ご自身による論文のわかりやすい解説はこちら
https://mizumot.com/lablog/archives/1805

水本篤教授の論文はこちら
https://doi.org/10.1016/j.rmal.2023.100050

論文内にプロンプトも掲載されていますので、ぜひ参考にしてください。英語論文は読むのが大変、という方はぜひ ChatGPT に翻訳や要約を手伝ってもらいましょう。

21 ライティングに使える表現を教えてもらう

ライティングをするときに知っていると便利なのが英語特有の表現です。これは日本語でもそうですが、英語にもある程度決まった型や、よく使うフレーズがあります。たとえば英語で手紙を書くときには、「I am writing to…（…のために手紙を書いています）」「I would appreciate it if you could...（もし可能であれば、…していただけるとありがたいです）」といった表現がよく使われます。こうしたナチュラルな表現を使ってライティングができると、ネイティブが読んでも違和感のない文に近づけます。

ビジネスの場面でも、仕事のメールやスピーチの原稿などは決まった型が多くあります。それらを使って書けると一気に英語らしく仕上がりますし、反対にそれらを無視して書くと相手に違和感を与えたり、失礼な印象を与えかねません。

ライティングをするときには、少し時間をとって、使える表現を新しく仕入れながら書いていくと、どんどん表現の幅が広がっていきます。この、使える表現のインプットにChatGPTを活用しましょう。ここでは「日記を書くときに使える表現」をChatGPTに聞いてみます。

英語の日記のライティングに使える便利な表現を10個教えてください。

もちろんです、英語の日記ライティングに使える便利な表現をいくつか示します：

1. "Today was a day to remember." : 特別な日、忘れられない出来事があった日に使います。
2. "To my surprise,..." : 予期せぬことが起きたときに使います。

3.　"All in all,..." : 日記のエントリーの最後に、その日のまとめを書くときに使います。
4.　"I've been pondering over..." : 考え事をしたときや、何か特定の事柄について深く考えたときに使います。
5.　"The highlight of my day was..." : その日の最高の瞬間、もしくは最も印象的だったことを強調するときに使います。
6.　"It was quite a challenge when..." : 困難な事柄、またはチャレンジングだった瞬間について記述するときに使います。
7.　"On a positive note,..." : ポジティブな出来事、または良かったことを強調するときに使います。
8.　"It's been a while since I..." : 久しぶりに何かをしたとき、あるいは何かについて書くときに使います。
9.　"What I found interesting was..." : 何か新しいことを学んだり、興味深いことを経験したときに使います。
10.　"I am looking forward to..." : 未来の出来事に対する期待を表現するときに使います。

このように、日記を書くときに使える10個の表現を、その使い方も一緒に教えてくれました。他にも「感謝の気持ちを伝えたいときに使える英語の表現を教えて」とか「楽しみな気持ちを伝えるときに使える英語の表現を教えて」といったように、表現の幅を広げたいと思ったら何でも聞いてみましょう。

プロンプトの型

英語の日記のライティング (1) に使える便利な表現を 10 個 (2) 教えてください。

---

(1) 自分が表現を知りたいものを書きましょう。
(2) 10 個でなくても構いませんが、たくさん聞いて使える表現を増やすとよいでしょう。

22 特定の表現を使った例文を作成してもらう

ChatGPT にライティングで使える表現を出してもらっても、実際どのように使うのか迷ってしまうことがあるかもしれません。具体的な使い方がわからなければライティングに使えませんよね。そんなときは、その表現を使った例文を ChatGPT に作ってもらい、使い方を確認してみましょう。

先ほどの「21 ライティングに使える表現を教えてもらう」の例で 7 つめに書かれていた「"On a positive note,..."：ポジティブな出来事、または良かったことを強調するときに使います。」の表現を使って、ChatGPT に英文を作成してもらいましょう。

"On a positive note,..." を使った英文を 3 個作成してください。

もちろんです。以下、"On a positive note,..." を使用した英文の例を 3 つ作成いたします。

1. "On a positive note, even though we got lost on our hike, we ended up discovering a beautiful waterfall we wouldn't have seen otherwise."

2. "On a positive note, while my homemade cake didn't look like the one in the recipe book, it tasted absolutely delicious."

3. "On a positive note, although we missed the bus to the concert, we ran into an old friend while waiting for the next one."

日本語訳

1. 良い面から言えば、ハイキングで迷ったけれど、それがなければ見つけることができなかった美しい滝を発見しました。

2. 良い面から言えば、私の手作りケーキはレシピブックのものとは見た目が違ったけど、味は絶対に美味しかったです。

3. 良い面から言えば、コンサートのバスに乗り遅れたけど、次のバスを待つ間に古い友人に偶然会いました。

いずれの文も「〜だったけれど ... が良かった」というようなニュアンスで使用していますね。「On a positive note,」の表現を使うときには、「〜だけれど」という意味を持つ「eventhough」「while」「although」などと併せて使うとよい、ということがわかります。

プロンプトの型

"On a positive note,..."(1) を使った英文を 3 個 (2) 作成してください。

---

(1) 使い方を知りたい英語表現を書きましょう。
(2) 3 個でなくても構いません。

23 英語のメールを作ってもらう

先ほどの項目でも述べましたが、英語のライティングにはある程度決まっている表現や型がたくさんあります。なかでも典型的なのがメールです。日本でも、特にビジネスにおけるメールにはさまざまな定型文がありますよね。「いつもお世話になっております」「よろしくお願いいたします」などは、日本人であれば当たり前に使っていますし、反対にこうしたフレーズを一切入れず、要件だけを書いたメールを送ってしまうと、失礼な印象を与えてしまう可能性もあります。英語でも同様です。しかし、一通のメールを送るのに何時間もかけて適切な英語を考えている時間はありません。そんなときは、ChatGPT にメールのひな形を作ってもらい、自信をもって英語メールを送りましょう。

ここでは、「来週の会議の参加者を顧客に確認する」という内容のメールを ChatGPT に作成してもらいます。

来週の会議の参加者を顧客に確認するメールを英語で作ってください。

Subject: Confirmation of Attendees for Next Week's Meeting

Dear [Customer's Name],

I hope this email finds you well.

I am writing to you regarding our upcoming meeting scheduled for next week. We are looking forward to discussing [briefly mention the agenda of the meeting] and how we can collaboratively work towards our shared objectives.

In order to ensure a productive and smooth session, could you please confirm the names of the attendees from your team? Knowing who will be joining us will greatly help in our preparation and will allow us to tailor the discussion in a way that will be most beneficial for all parties involved.

If there are any specific topics or points of interest that you or your team would like us to address in the meeting, please do not hesitate to let us know. We are committed to making this a productive and valuable session for everyone.

Please confirm your attendees by [desired date], so we can finalize the logistics.

We look forward to your response and to our fruitful meeting next week.

Best regards,

[Your Name]
[Your Position]
[Your Contact Information]

日本語訳

件名：来週の会議参加者の確認について

［お客様の名前］様

いつもお世話になっております。

来週に予定している会議について、ご連絡させていただきます。私たちは［会議のアジェンダを簡単に触れる］について話し合い、共通の目標に向けて協力的に作業を進めることを楽しみにしています。

会議がスムーズで生産的に進行するために、お手数ですが、参加予定の皆様の名前をご確認いただけますか？参加者の方々が誰であるかを把握することで、私たちの準備が円滑に進み、全ての関係者にとって最も有益な形で議論を進めることが可能となります。

会議で取り上げてほしい特定の話題や関心事があれば、遠慮なくお知らせください。皆様にとって有意義で価値あるセッションとなるよう、私たちは全力を尽くします。

参加者の方々の確認は［希望する日付］までにお願いいたします。これにより、最終的な手配を行うことができます。

ご返信と、来週の実り多き会議を楽しみにしております。

敬具

［あなたの名前］
［あなたの役職］
［あなたの連絡先情報］

いかがでしょうか。とても丁寧でわかりやすく、ナチュラルな英語のメールが一瞬にしてできあがりました。［ ］で囲まれた部分は自分で書き換えます。あとは適宜、必要な情報を書き加えたり、不要なところを削除するだけです。ちなみに、最初の「I hope this email finds you well.」や「I am writing to you regarding…」などは、定型表現なので毎回使えますね。

ここでは、ビジネスメールを作成しましたが、海外のホテルに送るメールや、ショップへの問い合わせなど、宛先や用件を指定すれば、それに合ったメールのひな形を作ってくれるので、ぜひニーズに合わせて使ってみてください。

プロンプトの型

来週の会議の参加者を顧客に確認する(1) メールを英語で作ってください。

---

(1) 宛先や用件を記載しましょう。

24 状況や丁寧さを指定して書き換えてもらう

ライティングをしていて悩ましいことのひとつに、「英文を書いてみたけれど、状況や相手にふさわしい文体になっているか」ということがあるのではないでしょうか。たとえば、顧客に対して失礼がないメールになっているか、スピーチ原稿を書いてみたが、講演で話すのにふさわしいフォーマルさになっているか、などです。ChatGPT を使えば、自分が書いた英文を、状況や相手にふさわしい英文に書き換えてもらうことができます。ここでは、顧客に対するフィードバックを書いたメールを、ふさわしい英文に書き換えてもらいましょう。

以下の英文を顧客宛のフィードバックの文面としてふさわしくなるように書き換えてください。

Subject: Feedback of the product label design of SmoothSqueeze

Dear Ms.Baker,

Hello.
I'm very happy that you created a wonderful design for the beverage product, SmoothSqueeze. But, I have some aspects that I want you to improve.

1. This font style of the main logo is too fancy to read. Our main target is a wide range of age groups of customers, and the logo should be easy to read for everyone.

2. This color scheme is fashionable. But, the image of

this drink is more refreshing and summery.

3. It's important for customers to easily read the nutritional content of this drink. So this section should be eye-catching.

If you have some questions and you need to discuss these points, tell me anytime.

Thank you.
Keiko Taniguchi

Subject: Feedback and Suggestions on SmoothSqueeze Product Label Design

Dear Ms.Baker,

I hope this email finds you well.

Firstly, I would like to express my genuine appreciation for the creativity and effort you have poured into the design of our new beverage product, SmoothSqueeze. The resulting concept is indeed compelling.

However, upon review, there are a few points I believe we could further improve upon to best resonate with our target audience and fully encapsulate the spirit of our product.

Logo Design: While the current font style of the main

logo is stylish and unique, it poses some readability challenges. Given that we aim to cater to a wide range of age groups, it is crucial that the logo is easily recognizable and legible. Therefore, could we consider revising it to be more user-friendly?

Color Scheme: While the existing color scheme is indeed trendy, the branding of our beverage leans more towards a refreshing and summery feel. Thus, it would be advantageous to adjust the palette to better reflect this character.

Nutritional Content Display: Lastly, it is vital for customers to have ready access to the nutritional content of our product. We should enhance the visibility of this information, making it more prominent in the overall design.

I am confident that these modifications will strengthen our product's appeal and ultimately lead to a successful launch.

Should you have any questions or if you would like to discuss these points in more depth, please do not hesitate to reach out at your earliest convenience.

Thank you once again for your outstanding work, and I look forward to seeing the evolution of the design.

Best Regards,
Keiko Taniguchi

日本語訳

件名：SmoothSqueeze 商品ラベルデザインへのフィードバックと提案

ベイカー様

お世話になっております。

まず最初に、私たちの新しい飲料商品、SmoothSqueeze のデザインに注ぎ込んでいただいた創造性と努力に心から感謝申し上げます。その結果として出来上がったコンセプトは確かに魅力的です。

しかし、レビューの結果、ターゲットオーディエンスに最も響き、私たちの商品の精神を完全に捉えるために、いくつか改善できる点があると考えております。

ロゴデザイン：現在のメインロゴのフォントスタイルはスタイリッシュでユニークではありますが、読みやすさに課題があります。私たちは幅広い年齢層に対応したいと考えているため、ロゴが容易に認識でき、読みやすいことが重要です。したがって、もっとユーザーフレンドリーなものに改訂を検討することは可能でしょうか？

カラースキーム：現在のカラースキームは確かにトレンディですが、私たちの飲料のブランディングはより爽やかで夏向けの雰囲気に傾いています。したがって、このキャラクターをよりよく反映するために、パレットを調整することが有効になるでしょう。

栄養成分表示：最後に、顧客が私たちの商品の栄養成分に容易にアクセスできることは重要です。この情報の可視性を向上させ、全体的なデザインの中でより目立つようにするべきです。

これらの修正が商品の魅力を強化し、最終的にローンチの成功につながると確信しています。

質問がある場合や、これらの点についてより深く議論したい場合は、都合が良いときにご連絡ください。

再度、優れた仕事に感謝いたしますし、デザインの進化を楽しみにしています。

よろしくお願いいたします。

タニグチケイコ

たとえば、最初の「Hello.」の部分は「I hope this email finds you well.」に書き換わっています。また、最後の「If you have some questions and you need to discuss these points, tell me anytime.」は「Should you have any questions or if you would like to discuss these points in more depth, please do not hesitate to reach out at your earliest convenience.」に書き換わっています。「I hope this email finds you well.」や、最後の「please do not hesitate to~」という表現は、ビジネスメールでよく使われるものですね。

また、書き換え後のメールの後半部分には「I am confident that these modifications will strengthen our product's appeal and ultimately lead to a successful launch.」(= これらの修正が商品の魅力を強化し、最終的にローンチの成功ににつながると確信しています)や、「Thank you once again for your outstanding work, and I look forward to seeing the evolution of the design.」(= 再度、優れた仕事に感謝いたしますし、デザインの進化を楽しみにしています)など、相手を鼓舞したり、ねぎらったりするようなフレーズも追加してくれて、とてもポジティブな印象のメールになっていますね。

プロンプトの型

以下の英文を顧客宛のフィードバックの文面として(1)ふさわしくなるように書き換えてください。

(英文メールを貼り付け)

---

(1) 誰宛のどのような内容の英文かを記載しておくと、それにふさわしく書き換えてくれます。

CHAPTER 05

『ChatGPTでリスニングを学ぶ』

CHAPTER 05

ChatGPT でリスニングを学ぶ

特に「実践で使える英語を身につけたい」と思っている方にぜひやっていただきたいのが、リスニングの練習です。いくら単語や文法の知識があっても、ネイティブの英語が聞き取れないという方は多いものです。TOEIC のスコアが 900 点台でも、生の英語は聞き取れない、という方を多く見てきました。それは英語力が足りないわけではなく、リスニングのトレーニング不足によるものです。

リスニングは、3ヶ月などの一定期間毎日トレーニングをすると、飛躍的にその力が上がります。ChatGPT を活用すると、リスニングに使う英文スクリプトを作り放題なので、リスニングのトレーニングが続けやすくなります。

ChatGPT は標準機能としてはまだ音声読み上げの機能がないのですが、**ChatGPT にリスニング用の英文スクリプトを作ってもらったら、別の音声合成 AI を利用して、その英文スクリプトを読み上げてもらいましょう**。それにより、効果的なリスニングのトレーニングをすることができます。

これまで紹介したように、ChatGPT を活用すると、自分の関心のあるトピックや、自分が実際に英語を使いそうな場面での英文スクリプトを作ってくれますので、効率的に必要な単語や表現を学びながら、リスニングのトレーニングができます。

この章で紹介する ChatGPT 活用法はこちら

25. NaturalReader でリスニング練習
26. 長文を作ってリスニング練習
27. 苦手な音を聞き取る練習
28. リスニング力アップのための発音練習

25 NaturalReader でリスニング練習

ChatGPT 単体では音声を繰り返し聞くことができないので、リスニングの練習に使うのが難しいのですが、音声合成 AI ツールと組み合わせて使うと、非常に効果的なリスニングトレーニングができます。まずは、とても使いやすいおすすめの音声合成 AI ツール「**NaturalReader**」で英語のリスニング練習をする方法をお伝えします。

NaturalReader は無料版でも十分使えます。ログインをしなくてもウェブサイトに行って英文を貼り付けるだけで音声読み上げをしてくれるので、手軽に使えます。スピードを変更できる点も使いやすいです。

NaturalReader の使い方

① NaturalReader のサイトに行く
https://www.naturalreaders.com/

②右上の「START FOR FREE」ボタンを押す

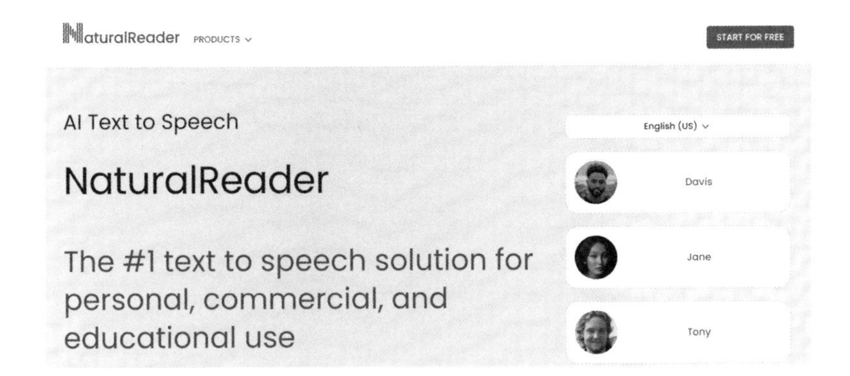

③画面上の「Drag and drop your files,」で始まる部分の枠内に英文を貼り付ける

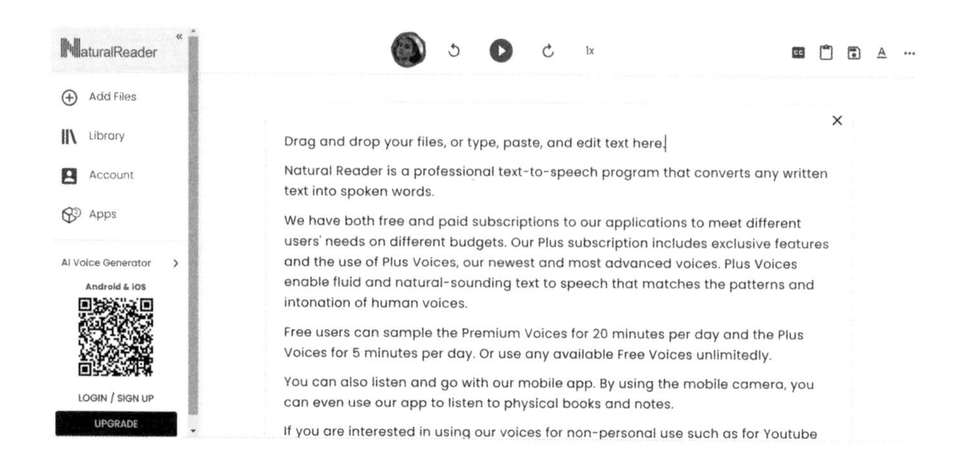

④上部の人の顔のアイコン部分をクリックし、読み上げてほしい人（音声）を選ぶ。English（US）というところをクリックすると、他にもUK、Australia、India、Walesとさまざまな英語が選べる

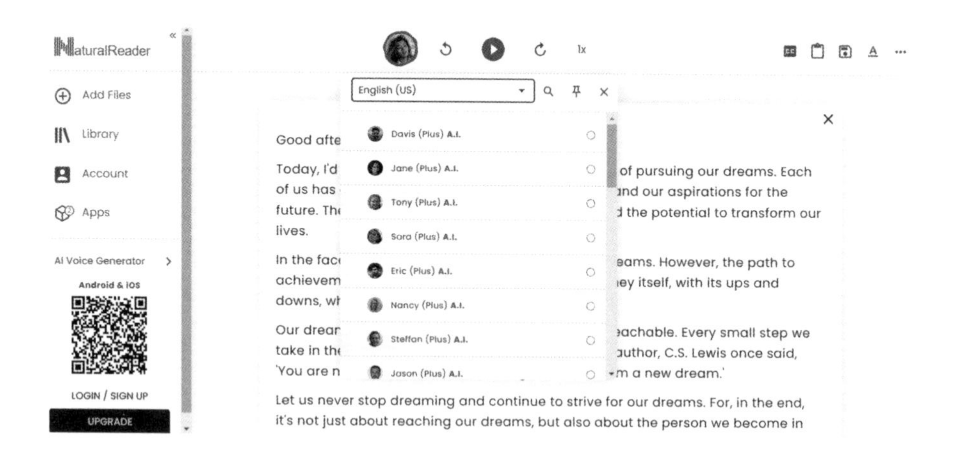

⑤上部の▷のマークをクリックすると音声が再生できる

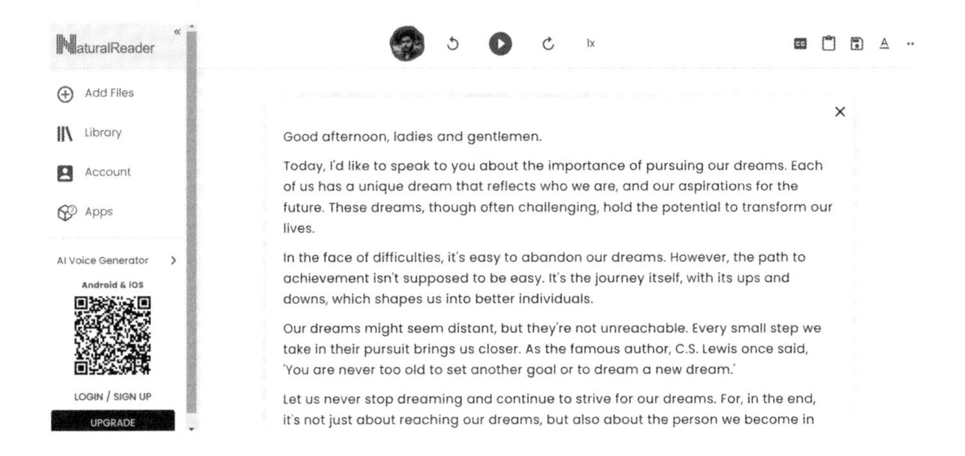

⑥スピードを変更したいときには「1X」の部分をクリックして Select Speed のバーを動かすと変更できる（上げると速くなり、下げると遅くなる）

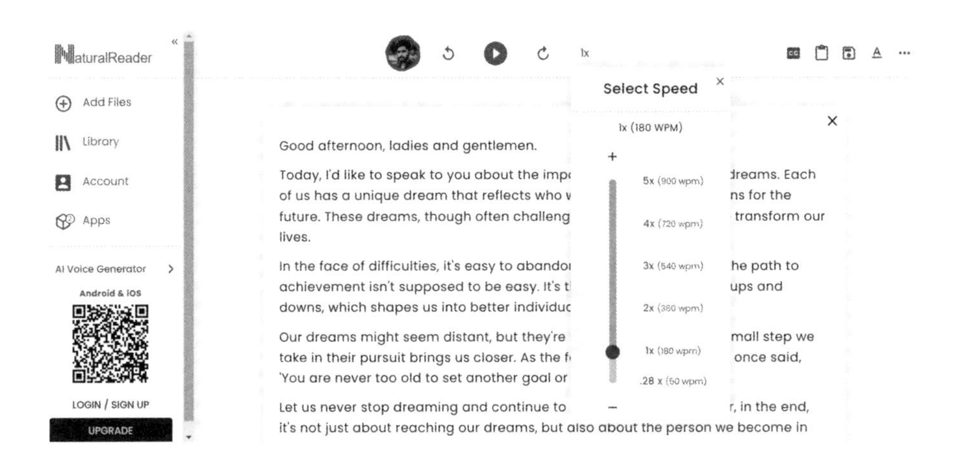

NaturalReaderを使うと、どんな英文も読み上げてくれます。オンラインのニュース記事などは、そのままコピー&ペーストで貼り付けて読み上げてもらってもいいですね。また、紙でしかないものを読み上げてもらいたいときには、スマホの「Googleレンズ」などを使ってテキストデータ化すると便利です。

26 長文を作ってリスニング練習

ここでは、私のおすすめのリスニングトレーニングである「**7ステップのタニケイ式シャドーイング**」をChatGPT＋音声合成AIを利用して行う方法をお伝えします。

シャドーイングとは、元々通訳者の方々の基礎訓練法として使われてきたもので、英文を聞いて追いかけて発話していくトレーニングです。英語のリスニング力を上げるのにとても効果的なトレーニングですが、いきなりやると難しすぎて挫折しやすいものです。そこで、ステップを踏んで準備をしてからシャドーイングをすることで、一般の英語学習者でもシャドーイングに取り組みやすくなります。また、タニケイ式シャドーイングで行う「内容理解」や「リピーティング」などによる丁寧な発音の練習は、シャドーイングだけではカバーできない英語力を鍛えるのに効果的です。ぜひ1週間に1個ずつなど、ChatGPTに定期的にスクリプトを作ってもらい、毎日のリスニングトレーニングを始めてみてください。

以下の例では、TOEICの対策ができるように、TOEICのリスニングセクションのPart4に出てきそうな英文スクリプトを作ってもらいます。

①準備：ChatGPTで英文スクリプトと日本語訳を作成する

リスニング練習に使う200ワード程度の英文スクリプトを作成してください。
- TOEIC Part4に出てきそうな美術館の館内アナウンスにしてください。
- CEFR B2レベルの単語を含めてください。
- 日本語訳も出力してください。

Ladies and gentlemen, welcome to the ArtWonder Museum. We are delighted to have you here today to explore the fascinating world of art. Before you begin your journey through our galleries, we would like to provide you with some important information.

Firstly, we kindly ask you to refrain from touching the artworks. Many of the pieces on display are delicate and valuable, and any accidental damage could be irreparable. Please admire them with your eyes and appreciate the artists' creativity and skill.

As you make your way through the museum, you will notice that each gallery focuses on a different art movement or period. From Renaissance masterpieces to contemporary installations, our collection offers a diverse range of artistic expressions.

To enhance your understanding of the artworks, we have provided detailed descriptions and historical contexts for many pieces. These can be found next to the respective exhibits or through our mobile app, which you can download for free from the ArtWonder Museum's website.

For your convenience, we have strategically placed benches and seating areas throughout the museum. Feel free to take a moment to rest, reflect, and absorb the beauty that surrounds you.

Should you have any questions or require assistance, our

friendly staff members, wearing badges with the museum logo, will be more than happy to help you. Don't hesitate to approach them for guidance or additional information.

Lastly, we encourage you to visit our gift shop and café located on the ground floor. The gift shop offers a variety of art-related merchandise, while the café serves refreshments and light snacks to recharge your energy.

Thank you for choosing the ArtWonder Museum as your cultural destination today. We hope you have a wonderful and inspiring experience. Enjoy your visit!

以下が日本語訳です。

皆様、アートワンダーミュージアムへようこそ。本日は、芸術の魅力に触れるためにお越しいただき、誠にありがとうございます。ギャラリーを巡る前に、いくつか重要な情報をお伝えいたします。

まず第一に、作品に触れることはご遠慮いただきたくお願い申し上げます。展示されている作品の多くは繊細で貴重ですので、誤って損傷を与えることがあります。目で鑑賞し、芸術家の創造性と技術をお楽しみください。

アートワンダーミュージアムを巡る際には、各ギャラリーが異なる芸術運動や時代に焦点を当てていることに気づかれるでしょう。ルネサンスの傑作から現代のインスタレーションまで、私たちのコレクションは多様な芸術表現を提供しています。

作品をより理解するために、多くの作品には詳細な説明や歴史的な背景が用意されています。これらは、各展示物のそばにあるものや、アートワンダーミュージアムのウェブサイトから無料でダウンロードできるモバイルアプリを通じてご覧いただけます。

利便性のため、美術館内にはベンチや座席エリアが戦略的に配置されています。お休みいただいたり、ゆっくりと周囲の美しさを吸収するためにお使いください。

何か質問やお手伝いが必要な場合は、美術館のロゴが入ったバッジを身につけたフレンドリーなスタッフにお気軽に声をおかけください。彼らは案内や追加情報を提供するために喜んでお手伝いいたします。

最後に、地下1階にあるギフトショップとカフェもぜひご利用ください。ギフトショップでは、さまざまなアート関連の商品を取り揃えており、カフェでは軽食やお飲み物を提供していますので、お疲れの際にご利用いただけます。

本日、文化的な目的地としてアートワンダーミュージアムを選んでいただき、ありがとうございます。素晴らしい体験をお楽しみいただけることを願っています。楽しい時間をお過ごしください。

このような、いかにもTOEICのPart4で出てきそうな英文を作成してくれました。では、ChatGPTに作成してもらった英文を使って、次のように7ステップで「タニケイ式シャドーイング」を行いましょう。
「* 音声利用」と書いてあるステップでは、音声合成AIのNaturalReaderを使って音声を流します。

②7ステップのタニケイ式シャドーイングを行う

Step1

リスニング（英文スクリプトを見ないで、1回音声を聞く） ＊音声利用

NaturalReaderを使って、まずは英文を見ないで音声だけを聞いて、どのくらい聞き取れるか確認しましょう。

Step2

ディクテーション（音声を聞き、聞こえた単語を書き取る） ＊音声利用

NaturalReaderを使って、一文ずつ音声を聞いて、止めて、聞こえた単語を書き取りましょう。音声を流すのは一回ずつで構いません。止めないと書くのが追い付かないので、一文またはキリのいいところで止めて書きましょう。手書きではなくパソコンでタイプしてもいいですね。

全部書き取りが終わったら、英文スクリプトを確認します。書けなかった部分や間違えた部分をハイライトしたり下線を引いたりしてマークしましょう。最後に、英文スクリプトを目で追いながら、音声を通しで聞きましょう。自分が思っている発音と違ったり、違和感を感じる部分があれば、その部分だけ繰り返し聞きましょう。

Step3

黙読理解（英文スクリプトを黙読し、内容を理解する）

英文スクリプトを読んで、準備段階で作ってもらった日本語訳も参考にして内容を理解します。意味のわからない文や知らない単語を見つけたら、ChatGPTに聞いてみましょう。少し難しい単語のリストをChatGPTに作ってもらってもいいですね。

Step4

音読（速音読、中速音読、普通音読と、3 回音読する）

英文のスクリプトを音読しましょう。速音読（自分なりの最高スピード）、中速音読（気持ち早口）、普通音読（無理のないスピード）と 3 回音読をします。すると段々余力が生まれますので、その余力を利用して、英文の意味も意識しながら、最後はなりきって音読をしてみてください。

Step5

リピーティング（音声を聞き、1 文ずつ真似して繰り返す） ＊音声利用

NaturalReader を使って、音声を聞き、1 文ずつ止めて、真似して繰り返します。発音、イントネーション、アクセント、単語と単語がつながる部分の変化（リンキング）など、全て丸ごと真似しましょう。

Step6

オーバーラッピング（音声と自分の声を重ねて、同時に話す） ＊音声利用

NaturalReader を使って、音声を流しながら、それにピッタリ重ねるようにして発話します。英文スクリプトは見ながら行いましょう。できるだけ遅れずに、ピッタリ重ねられるようになるまで、繰り返しオーバーラッピングをしてみてください。

Step7

シャドーイング（聞こえた音声のすぐ後を追いかけ話す） ＊音声利用

NaturalReader を使って、音声を流しながら、そのすぐ後を追いかけるように発話します。このときは英文スクリプトは見ません。集中して、聞こえてきた音だけで構いませんので、追いかけて発話してみてください。繰り返すと、だんだんシャドーイングできる部分が増えていきます。シャドーイングで追いかけられない部分があれば、そこだけ発音を確認し直したり、集中的に繰り返しシャドーイングをしてみましょう。

プロンプトの型

リスニング練習に使う200ワード程度(1)の英文スクリプトを作成してください。
・TOEIC Part4に出てきそうな美術館の館内アナウンスにしてください。(2)
・CEFR B2レベルの単語を含めてください。(3)
・日本語訳も出力してください。(4)

---

(1) ワード数は厳密には聞いてくれませんが、目安になります。長めに指定すると長めの文章を作ってくれますので、指定するようにしましょう。
(2) こういった英文のリスニング練習がしたい、というものが特にあれば記載しましょう。なければ記載しなくても構いません。
(3) このように入れておくと、やや難易度の高い単語を入れてスクリプトを作ってくれます。
(4) 日本語訳も内容理解のステップで使いますので、一緒に出力してもらいましょう。

27 苦手な音を聞き取る練習

たとえば、LとRの発音が聞き分けられない、SとTHの発音が聞き分けられない、など、苦手な発音がある方も多いと思います。そのようなときには、それらの苦手な音を含む英文をChatGPTに作ってもらい、リスニング練習に使いましょう。自分が発音できる単語は聞き取れるものですから、聞いた後は口に出して練習してみるといいですね。その繰り返しで、苦手な音も聞き取れるようになっていきます。

では、ここではLとRの音を含む英文をChatGPTに作ってもらいましょう。

LとRの発音を聞き分ける練習をしたいので、その2つを含む英文を10個作ってください。

もちろんです。以下の英文を使って練習してみてください。

"Larry loves to listen to rock music."
"Rita left her laptop in the library."
"Randy's red car is larger than Larry's."
"Lara and Robert took a long road trip together."
"Ruth loves reading literature on the lawn."
"Ralph's loyalty was more important than his wealth."
"She left her umbrella at the railway station."
"Carl's laughter is louder than any other sound in the room."
"Roll the ball towards the large wall."
"Larry's parrot, Roger, likes to say 'hello' a lot."

日本語訳

Larryはロック音楽を聴くのが好きです。
Ritaは図書館にラップトップを忘れました。
Randyの赤い車はLarryのよりも大きいです。
LaraとRobertは一緒に長いドライブをしました。
Ruthは芝生の上で文学を読むのが好きです。
Ralphにとって、富よりも忠誠心が重要でした。
彼女は駅で傘を忘れました。
部屋の中で一番大きな音はCarlの笑い声です。
ボールを大きな壁に向かって転がしてください。
LarryのオウムのRogerは、「ハロー」とよく言います。

短い一文の中に、LとRから始まる単語が4つも5つも入っているものもありますね。NaturalReaderなどの音声合成AIでそれぞれの英文を聞いた後には、自分で口に出して読んでみましょう。LとRがひっきりなしに出てくるので、まるでちょっとした早口言葉みたいです。楽しみながら練習してみてください。

プロンプトの型

LとR(1)の発音を聞き分ける練習をしたいので、その2つを含む英文を10個(2)作ってください。

---

(1) 自分が聞き取れるようになりたい発音を書きましょう。
(2) 10個でなくても構いませんが、なるべくいろんな種類の単語をたくさん聞いて練習するほうが効果的です。

28 リスニング力アップのための発音練習

「リスニング力を高めるためには、発音練習をすると良い」というのは聞いたことがある方もいるのではないでしょうか。自分が正しく発音できる音は聞き取りやすくなりますので、発音練習はリスニング力を上げる効果もあります。

発音を改善するためには、短い英文を使って発音トレーニングをするのがおすすめですが、なかでも「リピーティング」を集中的に行うと発音改善に効果があります。

そして、ElevenLabsという音声合成AIツールの「Instant Voice Cloning」という機能を使うと、なんと、自分の声をアップロードして、その声で音声合成をすることができるのです。お手本になる音声が、ネイティブ並みに発音の良い自分自身の声になるので、目標とする発音のイメージが湧きやすく、リピーティングの練習の効果も上がります。

ElevenLabsでの自分の声の音声合成方法

① ElevenLabsのサイトに行く
https://beta.elevenlabs.io/

②アカウントを登録し、有料版の「VoiceLab」のメニューへ

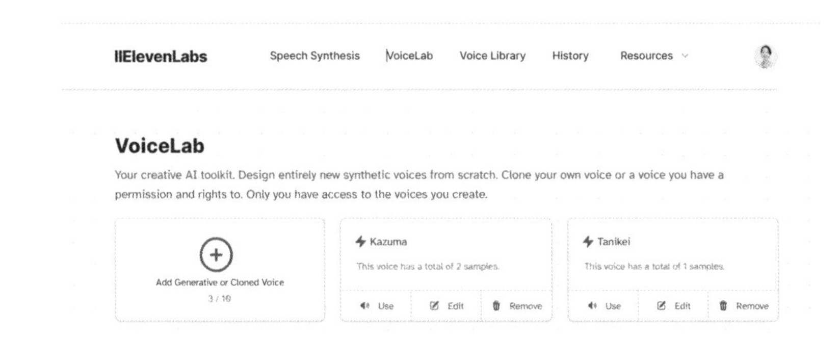

③「Add Generative or Cloned Voice」の＋ボタンをクリックして「Instant Voice Cloning」を選択

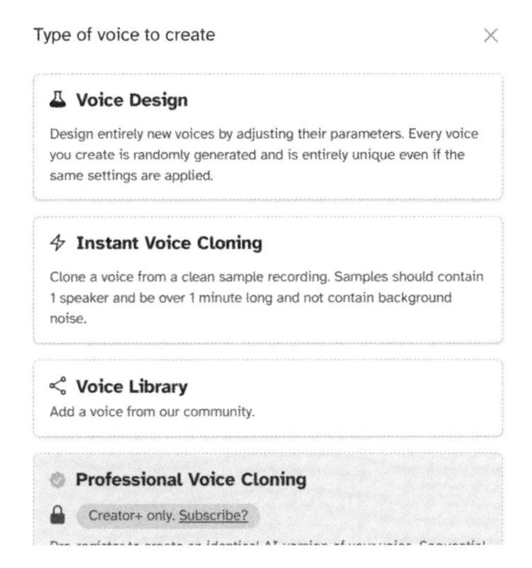

④ Add Voiceの画面で自分の声の音声ファイル（英語を読んでいるもの）をアップロードする。5分以上の声をアップロードすると質が良くなる。25個までファイルをアップロードできる

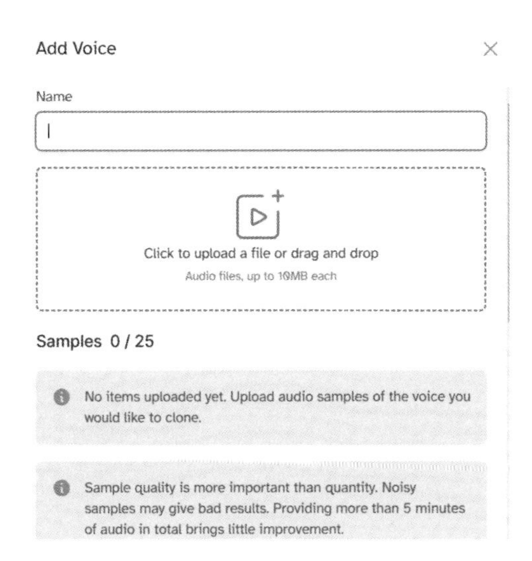

⑤ Voice Lab の画面に戻ると、Cloning された音声ができているので、使いたい声の「Use」ボタンをクリック

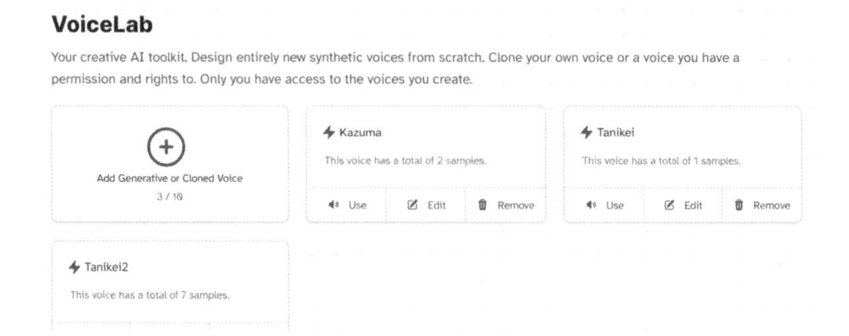

⑥ Speech Synthesis の画面で Text 欄に読み上げてほしい英文を貼り付ける

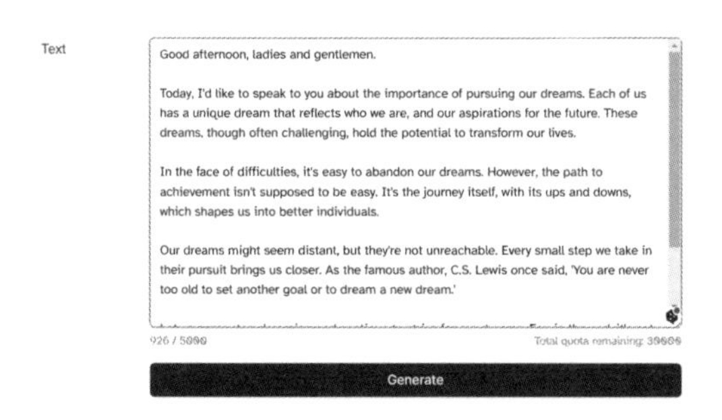

⑦ Speech Synthesis 画面下部の「Generate」ボタンをクリックすると、音声合成される

なお、発音練習のためのリピーティングに使いたい短い英文は、以下のようにChatGPTに作ってもらいましょう。

英語の発音練習のために、短い文を10個作成してください。
海外旅行で使いそうな英文にしてください。

もちろんです、以下に短い英文を提供します。これらは一般的な海外旅行で使える表現を含んでいます：

"Could you please show me the way to the nearest subway station?"
"I would like to order the grilled salmon, please."
"Excuse me, could you help me with these suitcases?"
"Do you have any recommendations for local sightseeing spots?"
"Is it possible to have a late check-out?"
"Where can I find a good coffee shop around here?"
"Could you please help me buy a ticket for the museum?"
"I am lost. Could you point me to Main Street?"
"Can I get a map of the city at the reception desk?"
"Do you know a good place to buy souvenirs nearby?"

日本語訳

最寄りの地下鉄の駅への道を教えていただけますか?
グリルサーモンを注文したいです。
すみません、このスーツケースを持つのを手伝ってもらえますか?
地元の観光スポットのおすすめはありますか?
レイトチェックアウトは可能ですか?
この辺りで良いコーヒーショップはどこにありますか?
博物館のチケットを買うのを手伝っていただけますか?
道に迷ってしまいました。メインストリートへの道を教えていただけますか?
受付で市内の地図を手に入れることはできますか?
近くでお土産を買うのにいい場所を知っていますか?

プロンプトの型

英語の発音練習のために、短い文を 10 個 (1) 作成してください。
海外旅行で使いそうな英文にしてください。(2)

---

(1)10 個でなくても構いません。たとえば 100 個など、たくさんの英文を一気に作ってもらうこともできます。ただ、発音練習は 1 文を丁寧に聞いて、繰り返しリピートしたほうが効果的なので、一気に 100 個の練習を行うのはやめましょう。
(2) せっかく発音練習をするので、自分が使いたい、練習したい英文を作ってもらいましょう。

〚ChatGPTで単語を覚える〛

CHAPTER 06

CHAPTER 06

ChatGPTで単語を覚える

単語力は英語力の土台となります。単語をコツコツ覚えることに抵抗がある人もいるかもしれませんが、英語力を上げたければ、これを避けて通ることはできません。英語圏で育つ子どものように毎日大量の英語のシャワーを浴びることができれば、自然と単語力を身につけていくことも不可能ではありませんが、大人になってから英語力を身につけたいと思っている人は、単語を意識的に学んでいくほうが効率的です。

当たり前ですが、単語を知らなければ、英文を読んだり聞いたりしても意味がわかりません。日本人の英語学習者とネイティブの単語力には数倍から10倍以上の差がありますので、単語については、どんなに英語上級者になってもインプットし続けることが大事です。

また、単語の覚え方はいろいろありますが、ただ単語帳を見るだけではなかなか覚えられなかったり、一問一答のように単語の日本語訳をパッと言えたとしても、実際どのような使い方をすればいいのかわからなかったりすることがあると思います。せっかく単語を覚えるのに時間を費やすのですから、意味、発音、使い方をセットで覚えるようにしましょう。余力があれば、同義語、対義語などを一緒に覚えるのも効率的でおすすめです。

市販の単語集はたくさん出ていますが、知らない単語と知っている単語がごちゃ混ぜになっているため、あまり効率的ではないですよね。また、自分が必要な解説だけが載っている本はありません。それなら、ChatGPTに自分のためだけの単語集を作ってもらいましょう。

この章で紹介するChatGPT活用法はこちら

29. 覚えるべき単語を教えてもらう
30. 単語の語源を教えてもらう
31. 似た意味の単語の使い分けを教えてもらう
32. 単語の同義語、対義語を教えてもらう
33. 指定した単語を含む英語の例文を作ってもらう
34. 単語テストを作ってもらう

29 覚えるべき単語を教えてもらう

旅行で使えるフレーズ集や、ビジネスで使えるフレーズ集など、市販のテキストを使って単語を覚えたとしても、いざ旅行に行ったり、外国人とオンライン会議をしたりしたときに、一歩踏み込んだ話題になると途端にわからなくなる、ということはありませんか？ たとえば、海外のレストランで注文しようにも、メニューに書いてある単語が全然わからなくて食材や味の想像がつかないとか、オンライン会議で新商品の説明はスムーズにできたものの、予算の話になったら単語が全くわからず言いたいことが言えない、などです。でも、そんなピンポイントのジャンルに絞った単語集はなかなか売っていませんから、これもChatGPTに聞いてみましょう。

ここでは、旅行先で入った美術館を想定してみます。無事に英語でチケットを買って入場できたものの、画家や絵画の説明には難しい単語がずらりと並んでいます。これを読めたらもっと絵を楽しむことができますよね。そこで、「美術館でよく使われる難しめの英単語を教えて」と聞いてみます。

美術館でよく使われる難しめの英単語を教えてください。

美術館でよく使われる、少し難易度の高い英語の単語を以下にあげてみます：

1. Abstract（抽象的）- 具体的な対象を表現せず、色や形、線などを用いて視覚的な効果を表現するアートスタイル。
2. Contemporary（現代の）- 現在または近代に制作された芸術を指す。
3. Impressionism（印象派）- 19世紀半ばから後半にかけての芸術運動。自然光や色の効果に焦点を当てた。
4. Surrealism（超現実主義）- 夢や無意識の表現を追求する

20世紀の芸術と文学の運動。
5. Renaissance（ルネサンス）- 文化と芸術の再生を特徴とする歴史的期間。
6. Curator（キュレーター）- 美術館のコレクションを管理し、展示を組織する人。
7. Installation（インスタレーション）- 空間全体を利用する芸術作品。
8. Medium(媒体) - 作品を作るのに使用される材料(例:油絵、水彩画、彫刻など)。
9. Still Life（静物画）- 生物以外の対象物（たとえば花瓶に入った花、果物など）を描いた絵画。
10. Portraiture（肖像画）- 人物の顔とその表情を描いた絵画。
11. Perspective（遠近法）- 絵画に立体感や深度を与えるための技術。
12. Restoration（修復）- 損傷や劣化した芸術作品を元の状態に戻す作業。
13. Forgery（贋作）- 他のアーティストの作品を模倣または偽造した作品。
14. Provenance（出自）- 芸術作品の起源や所有履歴。

これらの単語は美術館でのアートの理解や、アートについてのディスカッションを深めるのに役立つでしょう。

こうした特定のジャンルの英単語は、学校などではなかなか習わないですし、単語帳にも出てこないと思います。美術館以外にも、博物館や資料館、歴史的建造物、観光地に行くときなど、自分の興味のある分野についての単語をインプットしてから行くと理解が深まってよいですね。

今回は、特に単語の数を指定しませんでしたが、もっとたくさん知りたい場合には「50個教えて」など、多めに指定するとよいでしょう。「難しめの英単語」と指定したのは、この指定がないと、かなり簡単な英単語を提示してくることがあるためです。もし、特定のレベルの英単語に絞りたい場合には、「CEFR B1 レベルの英単語」などと指定するのもよいですね。

プロンプトの型

美術館 (1) でよく使われる難しめの (2) 英単語を教えてください。

---

(1) 場所や場面、ジャンルなどを指定しましょう。
(2) これを入れておかないと、易しすぎる単語もリストアップしてくることがあります。

30 単語の語源を教えてもらう

単語を覚えるには色々な方法がありますが、その一つに「語源で覚える」というやり方があります。語源を理解すると、その単語が表す本質的な意味を理解できるようになります。似た語源を持つ単語は関連した意味を持つことが多いので、一つの単語の語源を覚えると、関連する他の単語も覚えやすくなります。たとえば「photograph（写真）」「photogenic（写真映りがいい）」「photosynthesis（光合成）」などの単語は、全てギリシャ語の「phos（光）」から来ています。効率的に語彙を増やすことのできる覚え方ですよね。

ChatGPTに単語の語源を教えてもらったら、ついでに同じ語源の他の単語を聞いてみるのもおすすめです。似ている単語やその派生語などを、まとめて覚えてしまいましょう。

appropriate の語源を教えてください。また、同じ語源を持つ英単語を教えてください。

「appropriate」は、ラテン語の「appropriatus」から派生した言葉で、適切な、適合する、特定の目的に合ったといった意味を持っています。

詳しく言うと、「appropriatus」は、「ad-」（「to」の意味）と「proprius」（「own」の意味）の二つの語根から成り立っています。つまり、文字どおりに翻訳すると「to one's own」になり、それが元になって「appropriate」が「適切な」や「特定の目的に合った」という意味を持つようになりました。

この語源を共有する他の英単語には以下のようなものがあります。

1. Proper - 直訳すると「自分自身の」や「適切な」となります。これは「appropriate」と同じく、何かがその状況や目的に適している、という意味に使われます。

2. Property -「proprius」から派生した語で、「所有物」や「資産」を意味します。ここでは、「自分自身のもの」という意味が強調されています。

3. Proprietary - これも「proprius」から派生した語で、「所有者」や「特許取得者」を意味します。また、ある製品が特定の会社によって所有・製造されていることを指す場合にも使用されます。

4. Proprietor -「proprius」から派生した語で、「所有者」や「経営者」を意味します。

これらの語全てが「自分自身のもの」や「特定の」といった意味の「proprius」を語源としており、それぞれが少し異なった形でこの概念を表現しています。

このように、appropriate の語源と、同じ語源を持つ単語をたずねることで、関連した意味を持つ「proper」「property」「proprietary」「proprietor」の４つの単語も教えてくれました。たとえこれらの単語の意味を一字一句覚えられなかったとしても、語源を知っていれば「自分自身のもの」「特定の」といったニュアンスから、意味を推測することができますね。

プロンプトの型

appropriate(1) の語源を教えてください。また、同じ語源を持つ英単語を教えてください。(2)

---

(1) 語源を知りたい単語を指定します。
(2) 同じ語源の英単語を聞くだけで、その単語の意味も教えてくれます。

31 似た意味の単語の使い分けを教えてもらう

スピーキングやライティングなど英語のアウトプットをするときに「似た意味の単語がいくつかあるけど、この場合はどの単語を使うのが適切なんだろう」と迷った経験はありませんか？ たとえば「speak」と「talk」はどちらも「話す」という意味がありますが、speakはスピーチやプレゼンなど比較的フォーマルな場で話すときに使うことが多く、反対にtalkはもっとカジュアルで、個人的な会話や電話での会話、または特定の話題について話すときに使います。どちらの単語を使っても意味は通じると思いますが、できるだけネイティブが聞いても自然な単語のチョイスができるようになりたいですよね。

こうした単語の使い分けも、ChatGPTに聞けば教えてくれます。ここでは、日本語で「気づく」と訳される3つの単語「notice」「realize」「recognize」の使い分けを聞いてみましょう。

notice, realize, recognize はどのように使い分ければいいですか？

これらの英単語 "notice", "realize", "recognize" は、日本語に直訳すると全て「気づく」や「認識する」の意味になりますが、それぞれ使い方や文脈に微妙な違いがあります。

Notice（気づく）：何かに初めて気がつくときや、何かが目に留まるときに使用します。主に外部の物や状況に対する認識を指します。また、通常は物事が発生した直後にこの動詞を使用します。

例：I noticed a strange smell in the kitchen.（キッチンに変な臭いがすることに気づいた。）

Realize（気づく、理解する）：何かの事実や真実に気づく、または理解するときに使います。この語は内的な理解や認識に関連しており、知識が変化または深まるプロセスを指します。

例：I realized I had forgotten my wallet at home.（家に財布を忘れてきたことに気づいた。）

Recognize（認識する）：既知のものを識別する能力や、以前に経験したこと、見たこと、聞いたことを思い出す能力を指します。また、特定の業績や貢献を正式に認識・承認するという意味でも使われます。

例：I recognized him from our high school days.（彼を高校時代の人だと認識した。）
例：She was recognized for her outstanding contribution to the company.（彼女は会社への卓越した貢献が認められた。）

これらの単語を使い分けることで、相手に対してより正確な情報を伝えることができます。

このように、3つの単語の使い分けを例文を用いて説明してくれました。違いはわかったけれど、「この場合はどれを使うんだろう？」と迷ったときには、続けてChatGPTに質問してみましょう。

では、「このレストランは1年前にも来たことがあったと気づいた」と言いたいときは、どれを使えばいいですか？

「このレストランは1年前にも来たことがあったと気づいた」を英語に翻訳する場合、「realize」を使うのが最も適切です。なぜなら、この文では一つの事実（1年前にレストランに来たこと）に対する理解や認識が表現されているからです。

したがって、「I realized that I had been to this restaurant a year ago.」と表現できます。

このように、会話の流れで質問すると、先ほどのChatGPTの解説を踏まえて「〜だからrealizeが適切だ」というように答えてくれるので、理由もわかりやすく本当に便利です。マンツーマンの先生に教わっているような感覚ですね。リアルな授業でも集団授業であればここまで個別に対応してもらうことは難しいですから、ChatGPTを使って理解を深めながらどんどん単語を覚えていきましょう。

プロンプトの型

notice, realize, recognize(1) はどのように使い分ければいいですか？

---

(1) 自分が使い分けを知りたい単語を書きましょう。

32 単語の同義語、対義語を教えてもらう

単語力を上げていくには、同じ意味の「同義語」や、反対の意味の「対義語」を一緒に覚えていくと効率よく学習できます。新しい単語を覚える際には、できるだけ同義語と対義語も調べるようにしましょう。これもChatGPTに聞けば、一瞬で答えてくれます。

ここでは、「practical」という単語の同義語と対義語をChatGPTに教えてもらいましょう。

practicalの同義語と対義語を教えてください。

「Practical」の意味は、「実用的な」や「現実的な」などといった具体的な事柄や現実的な解決策を指します。そのため、同義語と対義語は以下のようになります。

同義語：
1. 実用的な (Utilitarian)
2. 現実的な (Realistic)
3. 実務的な (Functional)
4. 事実上の (Fact-based)
5. 効率的な (Efficient)

対義語：
1. 非現実的な (Impractical)
2. 理論的な (Theoretical)
3. 抽象的な (Abstract)
4. 非効率的な (Inefficient)
5. 無用な (Useless)

　このように同義語、対義語それぞれ５つずつ教えてくれました。同義語については、たとえば「実用的な」「実務的な」はどちらも日本語としてはニュアンスが似ていますから、さらに使い分けを聞いてみてもいいですね。

プロンプトの型

practical(1) の同義語と対義語を教えてください。

---

(1) 同義度と対義語を知りたい単語を書きましょう。

33 指定した単語を含む英語の例文を作ってもらう

なかなか覚えられない単語や、試験などのためにどうしても覚えたい単語が決まっているとき、それらを含む英文を作ってもらうと覚えやすくなります。英文で単語を覚えると、意味を暗記するだけでなく、その単語の使い方も含めて覚えられるので実践的です。ChatGPTに特定の単語を含んだ英語の例文を作ってもらいましょう。

次の単語を使った英文を一つずつ作ってください。日本語訳も教えてください。

appreciate
concern
facility
instantly
refund

1. I appreciate your help.
あなたの助けに感謝します。

2. His health is a major concern.
彼の健康は大きな懸念事項です。

3. This building is a state-of-the-art facility.
この建物は最先端の施設です。

4. She instantly recognized him.
彼女は彼をすぐに認識しました。

5. If you are not satisfied, we will give a full refund.
もし満足いただけない場合は、全額返金します。

指定した単語はそれぞれ、「appreciate（感謝する）」「concern（心配）」「facility（施設）」「instantly（すぐに）」「refund（払い戻し金）」という意味です。それぞれ例文を作ってくれました。

プロンプトでは、「英文を一つずつ作って」と指示しましたが、これを入れないと、指定した単語を全て含む長い文を出してくる可能性があります。それはそれで面白いのですが、長い文だと覚えづらいですし、例文として不自然だったりよくわからない内容になってしまっていたりするので、英文は一つずつ作ってもらうほうがおすすめです。

34 単語テストを作ってもらう

さて、ChatGPT を使った英単語暗記の進め方をいくつか紹介してきましたが、どれくらい覚えたのかを自分で確認するのはなかなか難しいのではないでしょうか？ いつも見ている単語リストを使って、日本語訳のほうを隠して単語の意味がわかるかをチェックする人は多いと思うのですが、これでは本当に意味を覚えているわけでなく、並んでいる順番で暗記してしまっているかもしれませんよね。

そこで使えるのが、「ChatGPT に単語テストを作ってもらう」という方法です。ChatGPT に頼めば、テストでよく見るような 4 択の空欄補充問題が一瞬でできあがってしまいます。では、どんな問題ができるのか実際に見てみましょう。

英語の 4 択の空欄補充テストを作ってください。
・選択肢のうち 1 つだけ正解で、他の 3 つは不正解になるようにしてください。
・以下のいずれかの単語が正解になるようにしてください。
・正解は最後にまとめて教えてください。

Efficient
Clarify
Objective
Retain
Distinction

以下に、各単語を正解に持つ４択の空欄補充テストを作成いたします。

1. In order to use resources properly, it's important to make the system more _______.
a. Complex
b. Fast
c. Clumsy
d. Efficient

2. To avoid misunderstandings, it's important to _______ all details before signing a contract.
a. Clarify
b. Hide
c. Ignore
d. Distract

3. Being _______ is essential when conducting a scientific experiment to avoid bias.
a. Emotional
b. Subjective
c. Objective
d. Prejudiced

4. The ability to _______ information for a long period of time is essential for effective studying.
a. Erase
b. Retain
c. Misplace
d. Forget

5. To influence public opinion, some media outlets may _______ information in favor of their agenda.
a. Reject
b. Reveal
c. Disregard
d. Manipulate

以下が各問題の正解です：

1. d. Efficient
2. a. Clarify
3. c. Objective
4. b. Retain
5. d. Manipulate

日本語訳

1. リソースを適切に利用するためには、システムをより_______にすることが重要です。
   a. 複雑な
   b. 速い
   c. 不器用な
   d. 効率的な

2. 誤解を避けるためには、契約を結ぶ前に全ての詳細を_______することが重要です。
   a. 明確化する
   b. 隠す
   c. 無視する
   d. 散漫にする

3. 科学実験を行う際には、バイアスを避けるために_______であることが必須です。
   a. 感情的な
   b. 主観的な
   c. 客観的な
   d. 偏見を持つ

4. 長期間にわたって情報を _______ する能力は、効果的な学習に不可欠です。
   a. 消去する
   b. 保持する
   c. 置き去りにする
   d. 忘れる

5. 一部のメディアは自分たちのアジェンダを優先するために情報を _______ することがあります。
   a. 拒否する
   b. 明らかにする
   c. 無視する
   d. 操作する

以下が各問題の正解です：

1. d. 効率的な
2. a. 明確化する
3. c. 客観的な
4. b. 保持する
5. d. 操作する

こんな単語テスト問題が瞬時にできあがるなんて素晴らしいですよね。たとえば、平日毎日新しい単語を覚えていき、週末には、平日に覚えた単語をテストする問題を ChatGPT に作ってもらい、どれくらい覚えているかをテストする、といったルーティンにすると、単語をどんどん覚えていくことができますね。

プロンプトの型

英語の(1) 4択の空欄補充テスト(2) を作ってください。
・選択肢のうち1つだけ正解で、他の3つは不正解(3) になるようにしてください。
・以下のいずれかの単語が正解になるようにしてください。(4)
・正解は最後にまとめて教えてください。(5)

（問題の正解にしたい英単語を貼り付け）

---

(1)「英語の」と指定しないと、問題文を日本語で作ってしまう可能性があります。
(2)「4択の空欄補充テスト」と書けば、先ほどのような形式の問題を作ってくれます。テストの形式は自由に変えていただいてよいのですが、単語テストには「4択の空欄補充テスト」が最適だと思います。
(3) この指示を入れないと、選択肢のうち複数が正解になり得る問題が作られることがあります。
(4) 覚えたい単語がある場合には、この指示を入れて、正解にしたい単語を下に貼り付けるようにしましょう。
(5) この指示がないと、問題ごとに正解が表示されてしまう可能性があります。テスト形式で使うために、答えは最後にまとめてチェックできるようにしておきましょう。

『ChatGPTで
試験対策をする』

CHAPTER 07

CHAPTER 07

ChatGPTで試験対策をする

TOEICや英検などの試験は、自分の現在の英語力を確認したり、苦手な部分を見つけたりするのにとても役立ちます。また、試験を定期的に受けることが英語学習のモチベーションになるという人もいると思います。でも、試験の勉強をひとりでするのは大変ですよね。問題集やテキストとひとりで向き合っていると、孤独を感じたり、解説が理解できなくて学習が止まってしまったりすることもあるでしょう。

そんなときに頼りになるのがChatGPTです。ChatGPTは24時間いつでも答えてくれます。問題の意味がわからないとき、解説が理解できないとき、新しい言葉に出会ったときなど、聞けばすぐに答えを教えてくれます。さらに、ChatGPTは問題を出すのも得意です。TOEICや英検でよく出る問題を作ってくれるので、自分の苦手な部分を中心としたオリジナルの試験対策問題集が作れます。

これまでの試験対策は、市販の問題集や単語帳を買って、それに沿って勉強していたと思います。でも、ChatGPTを使えば、自分が苦手な文法項目を中心に問題を解いたり、自分が覚えたい単語を使った問題を作ってもらったりできるので、試験対策の効率が大幅にアップします。自分のペースで目標に近づけるように、ChatGPTと一緒に頑張りましょう。もうあなたはひとりではありません。ChatGPTがいつでもあなたのそばにいますから、安心して英語の試験に挑んでください。

この章で紹介するChatGPT活用法はこちら

35. 特定の試験に出てきそうな単語を教えてもらう
36. 長文と4択内容確認問題を作ってもらう
37. 長文と4択穴埋め問題を作ってもらう
38. 短文の4択穴埋め問題を作ってもらう
39. 問題の解説をしてもらう
40. 試験用のライティングのお題を出してもらう
41. 試験用のスピーキングのお題を出してもらう

35 特定の試験に出てきそうな単語を教えてもらう

TOEICや英検など、さまざまな英語の試験がありますが、それぞれの試験に出題傾向があり、頻出単語が違います。TOEICなら日常やビジネスに関わる単語が多く出ますし、英検は教養系の単語がよく出ます。自分が受けたい試験に出てきそうな単語を教えてもらい、それを優先的に覚えていくことで効率的な試験対策ができます。

英検準1級に出てきそうな単語を30個教えてください。
・日本語の意味も付けてください。
・表形式で出力してください。

もちろんです。以下に英検準1級に出てきそうな単語30個とその日本語の意味をリストします。

英単語	日本語の意味
1. Abolish	廃止する
2. Ambivalent	両面の感情を抱く
3. Articulate	明瞭に表現する
4. Censorship	検閲
5. Disparity	不均衡、格差
6. Eloquent	雄弁な
7. Frivolous	軽薄な、くだらない
8. Grapple	取り組む
9. Hierarchy	階級制度
10. Immerse	没頭させる
11. Juxtaposition	並列、並置

英単語	日本語の意味
12. Litigation	訴訟
13. Misconception	誤解、思い違い
14. Nonchalant	無関心な、何気ない
15. Oblivious	忘れている、気付かない
16. Perpetuate	永続させる
17. Quagmire	苦境
18. Repercussion	影響、反響
19. Substantiate	証拠を立てる、具体化する
20. Trivialize	軽視する
21. Unearth	発掘する、明らかにする
22. Vex	悩ます、困らせる
23. Wane	衰える
24. Xenophobia	外国人恐怖症、排外主義
25. Yield	産出する、譲る
26. Zealot	熱狂者
27. Accolade	称賛、栄誉
28. Bedlam	大混乱
29. Coerce	強制する
30. Discreet	慎重な、思慮深い

「英検準1級に出てきそうな単語」と指定するだけで、このように一瞬で単語リストを作ってくれます。たしかに、少し難易度の高い英検準1級レベルの単語が並んでいます。毎日このように単語リストを作ってもらい、その中で知らない単語を覚えていけば、効果的な試験対策のボキャビルができますね。

プロンプトの型

英検準1級に出てきそうな単語を30個(1)教えてください。
・日本語の意味も付けてください。(2)
・表形式で出力してください。(3)

---

(1) 30個より多く指定しても構いません。100個と指定しても出力できた実績があります。
(2) 日本語の意味も付けてもらうといいですね。発音記号も付けてもらうことができます。
(3) 表形式にしておくとExcelやGoogleスプレッドシートに貼り付けられて便利です。

36 長文と4択内容確認問題を作ってもらう

TOEICや英検のリーディングセクションでは、数百ワードの長文の内容が理解できているかを確認したり、穴埋めをしたりする問題が出ます。どのような長文や設問が出るか、試験ごとの傾向があるため、それに合わせた長文を読み、設問を解く練習をしておくことが効果的です。市販の問題集もありますが、ChatGPTなら新しい問題を無限に作ってくれます。

TOEICのPart7に出てきそうな英語の長文を300ワード程度で作ってください。
・その英文の内容を確認する4択の問題を3問作ってください。
・選択肢のうち1問だけが正解で、他の3問は不正解になるようにしてください。
・正解は最後にまとめて教えてください。

英文：
Marston Electronics, a leading company in the consumer electronics sector, announced the launch of its latest product, 'SmartDuo', an innovative device that combines the features of a smartphone and a tablet. The gadget, designed to target both the youth and corporate markets, comes with a unique foldable screen that can function as two separate screens when opened up.

'We want our users to have the best of both worlds,' stated Carol Hughes, Marston's CEO. 'SmartDuo will revolutionize the way people consume digital content, by providing a multifunctional device that caters to various needs.' The company has partnered with top software and content providers to ensure the best user experience.

The launch will be held on July 20th at Marston's flagship store in downtown New York. Early-bird customers will be entitled to a 20% discount. There will also be a live demo of SmartDuo's features, giving customers a chance to interact with the device.

While Marston has received criticism in the past for the high price points of its products, the company seems to be undeterred. 'We believe in quality over quantity. Our products are built to last and offer superior performance,' said Hughes. The pricing for SmartDuo has yet to be revealed, but industry experts anticipate a competitive price that matches its advanced features.

問題 1:
What is the new product Marston Electronics is launching?

A. A new software
B. A tablet
C. A new downtown store
D. A device that combines a smartphone and a tablet

問題 2:
What special offer is Marston providing for early-bird customers?

A. A free device

B. A 20% discount
C. A chance to meet the CEO
D. A partnership opportunity

問題 3:
How does Marston respond to the criticism about its high prices?

A. They are reducing their prices
B. They emphasize the quality and performance of their products
C. They are offering discounts to all customers
D. They are discontinuing their expensive products

正解：
問題 1: D
問題 2: B
問題 3: B

日本語訳

英文：
マーストンエレクトロニクス、消費者電子機器業界のリーディングカンパニーは、スマートフォンとタブレットの機能を組み合わせた画期的なデバイス、「SmartDuo」の最新製品の発売を発表しました。このガジェットは、ユースマーケットと企業市場の両方をターゲットに、開けると2つの独立したスクリーンとして機能するユニークな折りたたみ式スクリーンが付属しています。

マーストンのCEO、キャロル・ヒューズは、「ユーザーに最高の両方を提供したい」と述べ、「SmartDuoはデジタルコンテンツの消費の仕方を革新し、さまざまなニーズに対応する多機能デバイスを提供します」と付け加えました。同社は最高のユーザーエクスペリエンスを確保するために、トップのソフトウェアとコンテンツ提供者と提携しています。

発売は7月20日、ニューヨークのダウンタウンにあるマーストンのフラッグシップストアで行われます。早期購入者には20％の割引が適用されます。また、SmartDuoの機能をライブでデモする機会もあり、顧客はデバイスと対話するチャンスがあります。

マーストンは過去に製品の高価格に対する批判を受けていますが、同社はそれに動じていません。「私たちは量より質を重視しています。私たちの製品は長持ちし、優れたパフォーマンスを提供します」とヒューズは述べています。SmartDuoの価格はまだ明らかにされていませんが、業界の専門家はその先進的な機能に見合った競争力のある価格を予想しています。

問題1:
マーストンエレクトロニクスが発売する新製品は何ですか？
A. 新しいソフトウェア
B. タブレット
C. 新しいダウンタウンの店舗
D. スマートフォンとタブレットの機能を組み合わせたデバイス

問題2:
マーストンは早期購入者に何を提供していますか？
A. 無料のデバイス
B. 20％の割引
C. CEOと会うチャンス
D. パートナーシップの機会

問題3:
マーストンは高価格に対する批判にどのように応えていますか？
A. 彼らは価格を下げています
B. 彼らは製品の品質と性能を強調しています
C. 彼らは全ての顧客に割引を提供しています
D. 彼らは高価な製品の販売を停止しています

正解：
問題1: D
問題2: B
問題3: B

「TOEICのPart7に出てきそうな英語の長文」と指定するだけで、こうした長文を作ってくれます。固有名詞や発言も入っていて、本当にPart7に出てきそうな英文ですね。もし特定のテーマの長文を練習したければ「美術館の企画展の案内に関する長文を作ってください」「新しいモールの開発予定に関する記事を作ってください」というように具体的にテーマを指定してもいいですね。

プロンプトの型

TOEICのPart7に出てきそうな(1)英語の長文を300ワード程度(2)で作ってください。
・その英文の内容を確認する4択の問題を3問作ってください。(3)
・選択肢のうち1問だけが正解で、他の3問は不正解になるようにしてください。(4)
・正解は最後にまとめて教えてください。(5)

---

(1) 英検の場合には､「英検2級に出てきそうな」のように指定しましょう。
(2) ワード数の指定は厳密に聞いてくれるわけではありませんが、ある程度長めの設定をしておくと、長めの文章を作ってくれます。実際に作成された文章が短すぎる場合には、「もっと長くしてください」とリクエストしましょう。
(3) 内容確認問題だけでなく、空欄補充問題を作ってもらうこともできます。
(4) この指示を入れておかないと、複数の正解があり得る問題が作られることがあります。
(5) これを入れておくと、正解をまとめて最後に教えてくれるので、問題集として使いやすくなります。

37 長文と4択穴埋め問題を作ってもらう

英検のリーディングセクションやTOEICのPart6では、数百ワードの長文の中に空欄があって、穴埋めをする問題が出ます。これも試験ごとの傾向があるため、それに合わせた長文で設問を解く練習をしておくことが効果的です。ChatGPTに手伝ってもらいましょう。

英検準1級に出てきそうな英語の200ワード程度の長文の空欄補充問題を作ってください。
・一つの長文の中で、空欄を3箇所作り、それぞれ4択の問題を作ってください。
・選択肢のうち1問だけが正解で、他の3問は不正解になるようにしてください。
・単語を補充する問題と、文の一部を補充する問題を混ぜてください。
・正解は最後にまとめて教えてください。

以下に、英検準1級の空欄補充問題を作成します。この文章は遺伝子編集技術について述べています。3箇所の空欄があり、それぞれに4つの選択肢が付随しています。

In recent years, gene-editing technologies, most notably CRISPR-Cas9, have been emerging as powerful tools in life science research. These technologies hold the potential to revolutionize medicine and biology, allowing scientists to precisely _______ (1) _______ the genetic makeup of organisms. The possibilities are tantalizing: curing genetic diseases, improving crop yields, even slowing the aging process.

However, with such groundbreaking potential also comes ethical and moral challenges. Critics argue that tampering with the genetic fabric of life could lead to unforeseen consequences. They worry that gene-editing could be used for nefarious purposes or could inadvertently _______ (2) _______. Additionally, the question of who gets to decide which genes are 'good' or 'bad' is a contentious issue, fraught with social and political implications.

Despite these concerns, proponents of gene-editing technologies argue that the benefits far outweigh the risks. They believe that the technology should not be abandoned because of theoretical risks, but instead, its application should be _______ (3) _______ to prevent misuse.

(1)
A. enhance
B. dissect
C. alter
D. dismantle

(2)
A. create superhuman abilities
B. disrupt natural evolution
C. raise agricultural production
D. Increase life expectancy

(3)
A. strictly controlled
B. freely explored
C. largely ignored
D. generally accepted

正解：
C. alter
B. disrupt natural evolution
A. strictly controlled

日本語訳

近年、特にCRISPR-Cas9といった遺伝子編集技術が生命科学研究の強力なツールとして浮上してきました。これらの技術は医学と生物学を革新する可能性を秘めており、科学者が生物の遺伝的構成を正確に ________ (1) ________ ことを可能にします。その可能性は魅力的です：遺伝病の治療、作物収量の改善、さらには老化過程の遅延。

しかし、このような画期的な可能性は倫理的および道徳的な問題をもたらします。批評家たちは、生命の遺伝的布織をいじることは予見できない結果をもたらす可能性があると主張します。彼らは、遺伝子編集が悪意のある目的で使用されるか、または不注意に ________ (2) ________ ことを懸念しています。さらに、どの遺伝子が「良い」または「悪い」かを決定するのは誰なのかという問題は、社会的および政治的な意味合いを含む議論の余地のある問題です。

これらの懸念にもかかわらず、遺伝子編集技術の推進者たちはリスクよりも利益がはるかに大きいと主張しています。彼らは、理論的なリスクのために技術を放棄するべきではなく、その応用は ________ (3) ________ ことで誤用を防ぐべきだと考えています。

(1)
A. 強化する
B. 解体する
C. 変更する
D. 分解する

(2)
A. 超人的な能力を作り出す
B. 自然の進化を混乱させる
C. 農業生産を増加させる
D. 寿命を延ばす

(3)
A. 厳格に制御する
B. 自由に探求する
C. 大部分を無視する
D. 一般的に認める

正解：
C. 変更する
B. 自然の進化を混乱させる
A. 厳格に制御する

このように、長文と穴埋め問題を一気に作ってくれます。いかにも英検で出題されそうな長文ですね。長文だけを読む練習なら、市販の本やオンラインの記事を使ってたくさんすることができますが、穴埋め問題を自作するのは難しいので、ぜひ ChatGPT の力を借りて色々な長文で穴埋め問題を解く練習をしましょう。

プロンプトの型

・英検準1級に出てきそうな(1)英語の200ワード程度(2)の長文の空欄補充問題を作ってください。
・一つの長文の中で、空欄を3箇所作り、それぞれ4択の問題を作ってください。(3)
・選択肢のうち1問だけが正解で、他の3問は不正解になるようにしてください。(4)
・単語を補充する問題と、文の一部を補充する問題を混ぜてください。
・正解は最後にまとめて教えてください。(5)

---

(1) 自分が練習したい試験、級を指定しましょう。
(2) ワード数の指定は厳密に聞いてくれるわけではありませんが、ある程度長めの設定をしておくと、長めの文章を作ってくれます。実際に作成された文章が短すぎる場合には、「もっと長くしてください」とリクエストしましょう。
(3) この指示は、自分が練習したい試験のサンプル問題や過去問を参考にして修正しましょう。
(4) この指示を入れておかないと、複数の正解があり得る問題が作られることがあります。
(5) これを入れておくと、正解をまとめて最後に教えてくれるので、問題集として使いやすくなります。

38 短文の4択穴埋め問題を作ってもらう

TOEICや英検のリーディングセクションでは、単語力や文法力を測るための4択穴埋め問題が出ます。問題量が多く比較的スピーディーに解く必要があるため、試験対策としては、単語を覚えたり文法知識を身につけているだけではなく、実際に4択問題を解く練習をしておくことが効果的です。そのための問題集をChatGPTに作ってもらいましょう。

以下のような形式と難易度で、TOEIC Part5の問題を10問作ってください。
・選択肢のうち1問だけが正解で、他の3問は不正解になるようにしてください。
・答えは最後にまとめて教えてください。

Customer reviews indicate that many modern mobile devices are often unnecessarily ------- .
(A) complication
(B) complicates
(C) complicate
(D) complicated

Jamal Nawzad has received top performance reviews ------- he joined the sales department two years ago.
(A) despite
(B) except
(C) since
(D) during

1.The new software update has made the system more ------- and efficient.

(A) productivity

(B) productively

(C) productive

(D) product

2.The company has been ------- in its efforts to reduce waste and increase recycling.

(A) success

(B) successful

(C) successfully

(D) succeed

3.The manager was ------- with the team's performance and decided to give everyone a bonus.

(A) impress

(B) impressive

(C) impressed

(D) impressively

4.The ------- of the new product line will take place next month.

(A) launch

(B) launched

(C) launching

(D) launcher

5.The company's ------- in the market has been steadily increasing over the past few years.

(A) presence

(B) present
(C) presents
(D) presented

6.The CEO has been with the company ------- it was a small start-up.
(A) since
(B) during
(C) for
(D) until

7.The team worked ------- to meet the project deadline.
(A) hard
(B) harder
(C) hardly
(D) hardest

8.The company is known for its ------- to quality and customer satisfaction.
(A) commit
(B) committed
(C) commitment
(D) committer

9.The project was ------- due to lack of funding.
(A) cancel
(B) cancelled
(C) cancelling
(D) cancellation

10.The company's profits have been ------- despite the economic downturn.
(A) increase
(B) increased
(C) increasing
(D) increasement

答え：
1. (C) productive
2. (B) successful
3. (C) impressed
4. (A) launch
5. (A) presence
6. (A) since
7. (A) hard
8. (C) commitment
9. (B) cancelled
10. (C) increasing

日本語訳

1. 新しいソフトウェアの更新により、システムはより-------で効率的になりました。
(A) 生産性
(B) 生産的に
(C) 生産的な
(D) 製品

2. その企業は廃棄物の削減とリサイクルの増加に努力して------- しています。
(A) 成功
(B) 成功している
(C) 成功して
(D) 成功する

3. マネージャーはチームのパフォーマンスに ------- し、全員にボーナスを与えることに決定しました。

(A) 感動
(B) 印象的な
(C) 感銘を受けた
(D) 印象的に

4. 新製品ラインの ------- は来月に行われる予定です。
(A) ローンチ
(B) ローンチされた
(C) ローンチする
(D) ローンチャー

5. その企業の市場での ------- は、過去数年間で着実に増加しています。
(A) 存在感
(B) プレゼント
(C) プレゼンツ
(D) 提示された

6.CEO は、それがまだ小さなスタートアップだった ------- その企業にいます。
(A) 以来
(B) 間
(C) のために
(D) まで

7. チームはプロジェクトの期限を達成するために ------- 働きました。
(A) 一生懸命
(B) より一生懸命
(C) ほとんど
(D) 最も一生懸命

8. その企業は品質と顧客満足への ------- で知られています。
(A) コミット
(B) コミットした
(C) コミットメント
(D) コミッター

9. プロジェクトは資金不足のために ------- されました。
(A) キャンセル
(B) キャンセルされた
(C) キャンセルする
(D) キャンセル

10. その企業の利益は、経済の下降にもかかわらず ------- しています。
(A) 増加
(B) 増加した
(C) 増加し続けている
(D) 増加量

このようにTOEICのPart5に出てきそうな問題を作ってくれます。解いてみて間違えた問題があれば、それに似た問題をさらに作ってもらい、弱点を克服していきましょう。

プロンプトの型

以下のような形式と難易度で、TOEIC Part5(1) の問題を 10 問 (2) 作ってください。
・選択肢のうち 1 問だけが正解で、他の 3 問は不正解になるようにしてください。(3)
・答えは最後にまとめて教えてください。(4)

（TOEIC Part5 のサンプル問題を貼り付け）

---

(1) 自分が練習したい試験、パートなどを指定しましょう。
(2) これはもっと多く指定しても構いません。「100 問」と指定しても作成してくれた実績があります。
(3) この指示を入れておかないと、複数の正解があり得る問題が作られることがあります。
(4) これを入れておくと、正解をまとめて最後に教えてくれるので、問題集として使いやすくなります。

＊TOEICのサンプル問題はIIBC（一般財団法人 国際ビジネスコミュニケーション協会）のウェブサイトで閲覧できます。

39 問題の解説をしてもらう

ChatGPTに問題と解答を教えてもらっても、なぜその答えになるのかわからないことがありますよね。そのときには詳しく解説をしてもらいましょう。ChatGPTに作ってもらった問題ではなく、市販の問題集などで解説が不十分なときにも、その問題と答えを貼り付けて、解説してもらうことができます。「37 長文と4択穴埋め問題を作ってもらう」で(2)の答えがBになった理由を聞いてみましょう。

(2)の答えが「B. disrupt natural evolution」になる理由を詳しく解説してください。
他の選択肢が間違いである理由も詳しく教えてください。

「遺伝子編集が不注意に自然の進化を乱す(disrupt natural evolution)」というのは、生物の自然な遺伝的進化を人為的に干渉し、変更することで生じる可能性のある問題を指しています。具体的には、以下のような観点からこの選択肢が正解となります。

生物種のバランスの乱れ：遺伝子編集技術を使って特定の生物の遺伝子を変更すると、その生物の生存能力や繁殖能力が変わり、生物種間のバランスが乱れる可能性があります。たとえば、特定の昆虫に対する抵抗力を持つ作物を作ると、その昆虫の数が減り、昆虫を食べる他の生物種に影響を及ぼす可能性があります。

遺伝子汚染：遺伝子編集を行った生物が自然界に放出された場合、その改変された遺伝子が野生種と交配することで自然な遺伝子プールが変化する可能性があります。これは「遺伝子汚染」とも呼ばれ、自然界の遺伝的多様性を損なう可能性があります。

未知の結果：生物の遺伝子を編集すると、意図しない副作用や予期せぬ結果を生じる可能性があります。これは、生物の遺伝子が非常に複雑な相互作用を持っているため、一部を変更すると全体のシステムに影響を及ぼす可能性があるからです。

このように、遺伝子編集によって生物の自然な進化を乱す可能性があるため、この選択肢が正解となります。

以下に他の選択肢がなぜ不正解であるかを詳しく説明します。

(2)
A. create superhuman abilities
「超人的な能力を作り出す」は確かに遺伝子編集の可能性の一つですが、この文脈では遺伝子編集が「不注意に」引き起こす可能性のある問題を指しています。超人的な能力を作り出すことは、ある程度意図的な行為と考えられ、この文脈には当てはまらないため、この選択肢は不正解となります。

C. raise agricultural production
「農業生産を増加させる」は遺伝子編集がもたらす可能性のあるポジティブな結果ですが、この文脈では遺伝子編集が「不注意に」引き起こす可能性のある問題を指しています。したがって、この選択肢は不正解となります。

D. increase life expectancy
「寿命を延ばす」もまた、遺伝子編集がもたらす可能性のあるポジティブな結果ですが、この文脈では遺伝子編集が「不注意に」引き起こす可能性のある問題を指しています。したがって、この選択肢は不正解となります。

これらの理由から、選択肢Bの「自然の進化を混乱させる」が正解となります。

このように、詳しく解説をしてくれます。特に前半の解説などは非常に詳しくて、市販の問題集でここまで詳しく解説してくれるものはない、というレベルです。さらに、それでもわからなかったときにはChatGPTに「なぜそう考えられるのですか」などと追加で質問することもできます。対話型のAIであるメリットを活かして、自分が納得いくまで聞いてみましょう。

プロンプトの型

(2)の答えが「B. disrupt natural evolution」になる理由(1)を詳しく解説してください。
他の選択肢が間違いである理由も詳しく教えてください。(2)

---

(1) ChatGPTに作ってもらった問題の場合には、このように続けて聞くだけで構いませんが、もし市販の問題集などの解説を求める場合には、問題と解答を貼り付けた上で、解説を求めましょう。
(2) これは必須ではありませんが、選択式の場合には他の選択肢が間違いである理由も聞いておくと、納得がいきます。

40 試験用のライティングのお題を出してもらう

ライティングの試験がある英検、TOEIC Writing、TOEFL、IELTSなどの試験対策では、やはりその試験ごとの出題傾向に合わせてライティングの練習をしておきたいですよね。自分でお題を考えると、書きやすいお題を考えてしまう傾向がありますので、ぜひChatGPTにお題を出してもらいましょう。実際の試験と同じように、ChatGPTに生成してもらったお題を見た瞬間から時間を計って、ライティングを練習するといいですね。

以下のような形式で、英検1級に出てきそうなライティングのトピックを5つ作ってください。トピックは「Agree or disagree:」で始めてください。

Agree or disagree: The advent of the internet has had a largely positive impact on global society.

1. Agree or disagree: The advancement of AI technology poses more threats than opportunities to human society.

2. Agree or disagree: The current education system places too much emphasis on standardized testing at the expense of critical and creative thinking.

3. Agree or disagree: Climate change represents the most significant global issue of the 21st century.

4. Agree or disagree: The increasing prevalence of remote work has improved overall work-life balance for

employees.

5. Agree or disagree: The benefits of space exploration outweigh its high costs and risks.

日本語訳

1. 同意するか、反対するか：AI技術の進歩は、人間社会に対してチャンスよりも脅威をもたらしている。

2. 同意するか、反対するか：現行の教育システムは、批判的思考や創造的思考を犠牲にして、標準化されたテストに重きを置きすぎている。

3. 同意するか、反対するか：地球温暖化は、21世紀の最も重大なグローバル問題を代表している。

4. 同意するか、反対するか：リモートワークの普及率の増加は、従業員のワークライフバランスを全体的に改善している。

5. 同意するか、反対するか：宇宙探査の利点は、その高額なコストとリスクを上回っている。

このように、テクノロジー、教育、地球温暖化、ビジネス、宇宙と幅広いトピックでお題を出してくれました。できるだけ幅広いトピックでライティングの練習をしておくと、実際の試験で使えるので、効果的です。ライティングができたら、ぜひChatGPTに添削してもらったり、模範解答を書いてもらったりして、自分のライティング力を磨いていきましょう。

プロンプトの型

以下のような形式で、英検１級 (1) に出てきそうなライティングのトピックを５つ (2) 作ってください。トピックは「Agree or disagree:」で始めてください。(3)

（トピック例を貼り付け）

---

(1) 自分が受けたい試験を指定しましょう。
(2) ５つでなくても構いません。１つずつ作ってもらってもいいですし、30 個など、一気にたくさん作ってもらってもいいですね。
(3) このように具体的に形式を指定しておくと、間違いなくその形式で作ってくれます。

*トピックの例は、公開されている英検の過去問などを参考に記載するとよいです。

41 試験用のスピーキングのお題を出してもらう

TOEIC Speaking、TOEFL、IELTSではスピーキングの試験があります。また英検では面接官との面接がありますね。スピーキングも、出題傾向に合わせてたくさん練習をしておきたいものです。本番では緊張する分、普段よりも話せなくなります。できるだけ幅広いトピックでスピーキングの練習をして、スムーズに話せるようにしておきましょう。ライティングと同じく、ChatGPTに生成してもらったお題を見た瞬間から時間を計って、時間いっぱい話せるように練習をしましょう。

以下のような形式と難易度で、TOEIC Speakingテストの「意見を述べる問題」に出題されそうな英語のスピーキング問題のお題を出してください。解答例も付けてください。

Some people prefer to take a job that does not pay well but does provide a lot of time off from work. What is your opinion about taking a job with a low salary that has a lot of vacation time? Give reasons for your opinion.

問題：
Some people believe that working from home is more productive than working in an office, while others disagree. What is your opinion about working from home versus working in an office? Give reasons for your opinion.

解答例：
In my opinion, the productivity of working from home versus working in an office really depends on the person and the nature of the job. For some people, working from home can be more productive because it eliminates commuting time and allows them to work in a comfortable environment. It also provides flexibility to manage their work and personal life. On the other hand, for others, working in an office could be more beneficial as it allows for immediate face-to-face collaboration with colleagues, which is particularly important for team projects. An office environment also provides a clear separation between work and personal life, which some people may need to focus better. Therefore, I believe the choice between working from home or at the office should be based on individual preferences and job requirements.

日本語訳

問題：
ある人々は、自宅で働く方がオフィスで働くより生産的だと考えていますが、他の人々はそうは思っていません。自宅で働くこととオフィスで働くことについて、あなたの意見は何ですか？理由も述べてください。

解答例：
私の意見では、自宅で働くこととオフィスで働くことの生産性は、個々の人や仕事の性質によると思います。ある人々にとっては、自宅で働くことは通勤時間をなくし、快適な環境で働くことができるため、より生産的になるかもしれません。それはまた、仕事と私生活を管理する柔軟性を提供します。一方、他の人々にとっては、オフィスで働くことがより有益であるかもしれません。それは同僚との即時の対面でのコラボレーションを可能にし、これは特にチームプロジェクトにとって重要です。オフィス環境はまた、仕事と個人生活の明確な分離を提供し、これは一部の人々がより集中するのに必要かもしれません。したがって、自宅で働くかオフィスで働くかの選択は、個々の好みと仕事の要件に基づくべきだと思います。

このように、いかにも出題されそうなお題を出してくれた上、その解答例も一緒に提示してくれます。解答例を一緒に出してもらう場合には、まずお題だけを見て、自分なりにスピーキングをした上で、解答例を見たほうが、いい練習になります。解答例は音読したり、音声合成AIに読み上げをさせてオーバーラッピングをしたりと、しっかりトレーニングに使いましょう。

プロンプトの型

以下のような形式と難易度で、TOEIC Speakingテストの「意見を述べる問題」(1) に出題されそうな英語のスピーキング問題のお題を出してください。解答例も付けてください。(2)

（問題の例を貼り付け）

---

(1) 自分が受けたい試験、練習したい問題を指定しましょう。
(2) 解答例は必須ではありませんが、一緒に作ってもらうこともできます。

Column3：英検、TOEFL の新形式問題にも ChatGPT が最適

英検は 2024 年度から問題形式が一部リニューアルされることになりました。2 級以上のライティングでは、既存の「意見論述」に加え、「要約」問題が出題されます。要約と言えば、ChatGPT が得意なことの一つですね。試験対策としては、さまざまな英文を ChatGPT に作ってもらい、その要約を自分で書いてみて、ChatGPT の模範解答も聞いてみる、という使い方ができます。

また、TOEFL でも 2023 年に以下のような Writing 問題形式のリニューアルが行われました。

- Independent task が Writing for an Academic Discussion task に変更（30 分→ 10 分に短縮）
- Academic Discussion task では、Instruction、教授の質問、他の生徒の回答を読んだ後、他の生徒の意見も参考にしながら自分の意見を回答

この形式では、Instruction、教授の質問、他の生徒の回答を読んだ後に回答するので、その形式の準備が必要です。ChatGPT なら「以下のような形式で」と指定して問題を作ってもらえるので、Instruction、教授の質問、他の生徒の回答を作ってもらった上で問題の演習ができますね。

新形式問題の詳細はこちら

・英検

https://www.eiken.or.jp/eiken/info/2023/pdf/20230706_info_eiken.pdf

・TOEFL

https://www.toefl-ibt.jp/test_takers/toefl_ibt/2hours

『ChatGPTで英文法を学ぶ』

CHAPTER 08

CHAPTER 08

ChatGPT で英文法を学ぶ

文法は英語の基本ルールであり、英語学習の土台となるものです。土台がない状態で英語を話したり書いたりするのは、学習の仕方として遠回りです。ただ「全ての文法をきちんと理解してから英語を使い始めよう」と考えるのも違います。**中学校で習うような最低限の英文法は押さえるべきですが、その後はどんどん英語を使いながら、わからないことが出てきたらその都度調べて確認する、というやり方がいいでしょう。**

基礎文法を知っておいたほうがいい理由は、わからないことにぶつかったときに、どう対処すればいいか自分で判断できるからです。たとえば、「聞き取れたけど理解できなかった」「読んでも理解できなかった」というときに、理解できなかった原因が文法にあるのか、そして文法のどの項目に当てはまるのか、がわかることが大切です。こうした判断ができないと、どう対処すればいいかわからず、英語学習がなかなか前に進まなくなってしまうのです。

ChatGPT は、英文法を勉強するのにもとても便利です。一文が長く、文構造が複雑な英文を品詞分解してくれたり、自分がわからない文法があれば「受動態について教えて」と解説を求めることもできますし、その文法を用いた例文を作ってくれたりもします。自分が納得できるまでインタラクティブなやり取りを通して理解を深められるのがよいところです。また、本当に自分が文法を理解できているのかを確認するために、ChatGPT に英文法のテストを作ってもらうこともできます。

これまでは、文法を勉強するとなると、分厚い参考書をめくって解説を読んで、もしその解説を理解できなかったら、もっとわかりやすくまとまっているサイトや動画はないか調べたり……と、かなりの労力がかかっていたと思います。それが、文法の解説、例文、確認テストと、全ての要素が ChatGPT で完結するようになったのです。本当に画期的ですね。ただでさえ難しくて避けたくなる英文法を、ChatGPT を使って気軽に、そして自分が納得ができるまで学んでモノにしていきましょう。

この章で紹介する ChatGPT 活用法はこちら

42. 難しい文の文法解説をしてもらう
43. 文法を教えてもらう
44. 文法の例文を作成してもらう
45. 文法が正しく使えているかを聞く
46. 文法の 4 択問題を作成してもらう
47. 文法の空所補充問題を作成してもらう
48. 文法の誤り訂正問題を作成してもらう
49. 並べ替え問題を作成してもらう

42 難しい文の文法解説をしてもらう

ひととおり基本的な英文法を理解していても、苦戦しがちなのが文構造の複雑な英文です。単語や表現が全て簡単なものであれば、イメージで理解できてしまうこともあるかもしれませんが、知らない単語が複数あった場合などは、一気に難易度が上がると思います。先生がいればどこまでが主語で、どれが動詞なのか、といったことを聞くこともできますが、自分ひとりで読んでいると、正解がわからずにモヤモヤしたままになってしまいがちです。ChatGPTに「この英文の文法を解説して」とリクエストすると、どんな英文でも文法の解説をしてくれます。やってみましょう。

以下の英文の文法を解説してください。

Despite the fact that Emily, who had been studying diligently in her quaint, secluded library, richly adorned with ancient, leather-bound books, rarely took a break, she nonetheless felt the compelling urge to venture outside, yearning for the warmth of the golden, summer sun that enveloped the tranquil countryside.

1. "Despite the fact that" - この句は、「にもかかわらず」という意味を持つ前置詞句です。これにより、主語である"Emily"の行動が、その後に述べられる事実と逆の結果を示すことが明示されます。

2. "Emily, who had been studying diligently in her quaint, secluded library" - ここでは関係代名詞"who"が使われています。"who"は、その前の名詞"Emily"に関連す

る節を導きます。"had been studying" は過去完了進行形で、過去のある期間にわたって行われていた行動を表します。

3. "richly adorned with ancient, leather-bound books" - "adorned" は過去分詞形で、「〜で装飾された」という意味になります。"with" の後にある "ancient, leather-bound books" がその装飾を具体的に説明しています。"richly" は副詞で、どの程度装飾されていたかを強調します。

4. "rarely took a break" - "rarely" は頻度を表す副詞で、「滅多に〜しない」という意味になります。Emily の勤勉さが強調されています。

5. "she nonetheless felt the compelling urge to venture outside" - "nonetheless" は接続詞で、「それにもかかわらず」という意味です。"felt the compelling urge" は強い衝動を感じることを表し、"to venture outside" はその衝動の対象を示しています。

6. "yearning for the warmth of the golden, summer sun" - "yearning for" は「〜を切望する」を意味します。"the warmth of the golden, summer sun" はその切望の対象を説明しています。

7. "that enveloped the tranquil countryside" - "that" は先行する "the golden, summer sun" に関する節を導く関係代名詞です。"enveloped" は過去形の動詞で、「〜を包み込む」を意味し、その太陽がどのように働いていたかを示しています。

この文は多くの複雑な文法要素を含んでおり、それらの使用方法と位置を理解することで、英語の文法理解を深めることができます。

日本語訳

エミリーは、古い革製の本で豊かに飾られた、風情ある静かな図書館で精力的に勉強していた。彼女は滅多に休憩を取らなかったが、それにもかかわらず、外へ出て行きたいという強烈な衝動を感じていた。夏の太陽の暖かさに心から憧れていたのだ、その太陽が静かな田舎を包み込んでいたあの暖かさに。

学校の授業でよくやるような、S（主語）V（述語）O（目的語）C（補語）といった分解の仕方とは少し違いますが、上から読んでいくことで英文の構造が理解できるような解説になっているのではないでしょうか。たとえば、ひとつめは「Despite the fact that は前置詞句です」というように品詞を教えてくれるだけでなく、「これにより、主語である"Emily"の行動が、その後に述べられる事実と逆の結果を示すことが明示されます」と、英文を頭から読み進めていくときのコツのようなものも解説に添えてくれるのでわかりやすいです。もし、解説を読んでわかりにくいところがあれば、次のように聞いてみるのもよいですね。

yearning は、どういう理由でカンマでつながっているのですか?

このフレーズが前の文とカンマでつながっているのは、それが前の文の状態または行動("felt the compelling urge to venture outside")を補完または説明するためです。この文全体は、エミリーが強い衝動を感じ、外に出たいという欲求を抱いていることを表しています。そして、"yearning for the warmth of the golden, summer sun" はその欲求が具体的に何に向かっているのかを説明しています。

カンマでつなげることにより、"yearning for the warmth of the golden, summer sun" はエミリーの感情状態に関する追加的な情報を提供する形で、全体の文脈にスムーズに統合されています。

「yearning for ~」以下の英文は、その前の文の内容について情報を追加する役割を果たしていることがわかりました。このカンマの使い方は少し難易度が高いですね。このようにわからない部分は、納得するまで聞くことができるのがChatGPTの便利なところです。

ちなみに、学校の授業では、こうした複雑な英文を読むときには、スラッシュなどで区切りを入れて品詞分解をしながら、文法を読み解いていくことが多いですよね。品詞分解というのは、それぞれの単語の品詞（名詞、動詞、形容詞など）を確認することです。品詞分解をしたいときにも、ChatGPTに「品詞分解をして」と言うと、全ての単語の品詞をひとつずつ提示してくれます。

43 文法を教えてもらう

ChatGPTを使えば、先ほどのような英文の解説だけでなく、たとえば「受動態について教えて」というように、英文法そのものを教えてもらうこともできます。特に、中学校までの基礎文法でわからないものがあると、英語学習を進めていくのにつまずいてしまいがちですから、ChatGPTに聞いて早めに理解しておくことをおすすめします。基礎文法として知っておくとよい項目は、具体的には、品詞、文型、人称代名詞、動詞の変化、時制、疑問文、命令文、助動詞、受動態、there is構文、比較、不定詞、動名詞、分詞、現在完了形、関係代名詞、接続詞、前置詞あたりです。

では、少しわかりにくい「仮定法」についてChatGPTに教えてもらうことにしましょう。仮定法は文法としてかなり複雑ですので、さらっと使いこなせるようになるのはなかなか難しいと思います。では、さっそく見ていきましょう。

仮定法について教えてください。

仮定法とは、英語の文法の一部で、特定の仮定、可能性、または未来の出来事を表現するために使用されます。仮定法は主に次の三つの形で現れます：

仮定法過去(The Past Subjunctive)：主にif節で用いられ、現実には存在しない仮定の状況を表すために使われます。たとえば、「もし私があなただったら(現実には私はあなたではない)、それを行います。」のような文になります。

仮定法現在(The Present Subjunctive)：主に命令、提案、要求、助言などを表すために使われます。たとえば、「私は彼にそれをするように助言します。」のような文になります。

仮定法未来（The Future Subjunctive）：主に英語の一部の方言で使われ、未来の仮定の状況を表すために使われます。しかし、現代英語ではあまり使われません。

これらの形式は、文の主語と動詞の関係を通じて形成され、一般的には動詞の形が特別に変化します。また、これらの仮定法は英語を話す際のニュアンスを豊かにするために重要です。

仮定法には「仮定法過去」「仮定法現在」「仮定法未来」の3つがあると教えてくれています。ただ、これだけでは実際にどのように文を組み立てるのかまではわかりません。そこで、「もし○○だったら△△だろう」という意味の「仮定法過去」についてもう少し詳しく解説してもらうことにしましょう。

仮定法過去について詳しく教えてください。

仮定法過去（The Past Subjunctive）は、現実とは異なる仮定の状況を表すために使われます。それは現在、過去、さらには未来に対する非現実的な状況を述べることができます。

以下に具体的な形式と使用例をあげてみましょう：

仮定法過去の形式：「were」を全ての人称（I, you, he, she, it, we, they）と共に使用します。たとえば、「If I were rich, I would travel the world.（もし私がお金持ちだったら、世界を旅するだろう。）」という文では、私がお金持ちであるという非現実的な状況を表しています。

"If + 仮定法過去 + would/could/might" の形式：これは非

現実的な状況とその可能な結果を表す一般的な形式です。たとえば、「If she were here, she could explain this better.（もし彼女がここにいたら、これをより良く説明できるだろう。）」という文では、彼女がここにいるという非現実的な状況と、その可能な結果（彼女がこれをより良く説明できる）を表しています。

仮定法過去は英語を話す際のニュアンスを豊かにするために重要であり、特に非現実的な状況や仮定の状況を表現する際に有用です。

先ほどより踏み込んだ文法の解説をしてくれました。「If ~」から始まる節は、主語が何であれ「were」を使うこと、if 節の後の節では、動詞の前に「would / could / might」を用いることがわかりました。

ChatGPT は文法書ではありませんから、たずねてみてあまり納得のできる回答ではなかったり、説明が不足しているなと感じた場合には、どんどん質問をしていきましょう。掘り下げることで、たいていは欲しい回答が返ってくるはずです。

プロンプトの型

仮定法 (1) について教えてください。

---

(1) 教えてもらいたい文法項目を指定しましょう。

44 文法の例文を作成してもらう

ChatGPTに文法を解説してもらい理解できたとしても、すぐに使いこなせるかというとそれはまた別の問題ですよね。使いこなせるようになるには、実際にその文法が使われている英文を見たり書いたり話してみたりして、慣れる必要があります。いきなり自分で英文を作れる場合はいいのですが、先ほどの「仮定法過去」のように難易度の高い文法を使った英文は、はじめのうちはChatGPTにたくさん例文を作ってもらうのがおすすめです。その例文を見ながら、「ここはif節だから……動詞がwereになっているな」「if節の後の節は……ここではcouldが使われているな」というように、文法をひとつひとつ確認するのもよいでしょう。また、この英文を何度も繰り返し口に出すことで、頭で考えなくても「If I were ~」というフレーズがスッと言えるようになります。文法は読んで頭で理解するだけでなく、実際に使いこなせるまで自分のモノにするのが理想的です。

では、仮定法過去を使った例文をChatGPTに作ってもらいましょう。

仮定法過去が使われている例文を5つ作ってください。

もちろんです。以下に仮定法過去が使われている例文を5つ作成しました。

"If I were taller, I could reach the top shelf."（もし私がもっと背が高かったら、最上段の棚に手が届くのに。）

"She would travel the world if she were not afraid of flying."（もし彼女が飛行機が怖くなければ、世界を旅行するだろう。）

"If he were more careful, he wouldn't have lost his keys."（もし彼がもっと注意深ければ、鍵を失くさなかったのに。）

"They might be happier if they were living in a warmer climate."（もし彼らがもっと暖かい気候で暮らしていたら、もっと幸せだろう。）

"If we were in your position, we would make the same decision."（もし私たちがあなたの立場だったら、同じ決定を下すだろう。）

これらの例文は全て仮定法過去を使って、現実とは異なる仮定の状況を表現しています。

仮定法過去を用いた「もし〇〇だったら△△だろう／なのに」という意味の例文を5つ作ってくれました。なかには、if節が文の後半に使われているものもありますね。このように、節の前後を入れ替えて英文を作ってもいいのだということがわかります。

プロンプトの型

仮定法過去 (1) が使われている例文を5つ (2) 作ってください。

---

(1) 学びたい文法項目を指定しましょう。
(2) 5つでなくても構いませんが、しっかり読んで理解できることが大事ですので、大量に作ってもらって、さらっと読むだけにならないようにしましょう。

45 文法が正しく使えているかを聞く

自分で英文を作ってみて、文法を正しく使えているかよくわからないときには、それもChatGPTに確認してみるとよいでしょう。たとえば、このように聞いてみます。

次の英文は仮定法過去を正しく使えていますか？ 日本語で教えてください。
If I were a kid, I will play soccer all day.

その文は仮定法過去を正しく使っていません。

正しい文は「If I were a kid, I would play soccer all day.」となります。

仮定法過去では、"if" 節で全ての主語（I, you, he, she, it, we, they）に対して "were" を使います。また、結果節では "will" の代わりに "would" を使います。これが、非現実的または仮定的な過去の状況を表現する際の正しい方法です。

このように、文法が間違っているときにはChatGPTが教えてくれます。実際に自分で英文を組み立ててみると、文法の理解も定着しやすいので、使いたい文法を含む英文をたくさん書いて、まとめてChatGPTにチェックしてもらうのもよいですね。

プロンプトの型

次の英文は仮定法過去 (1) を正しく使えていますか？ 日本語で教えてください。(2)

（英文を貼り付け）

---

(1) 学びたい文法項目を指定しましょう。
(2) これを入れておかないと、英語で解説される場合があります。

46 文法の4択問題を作成してもらう

英文法の勉強をしたら、本当に自分が理解しているか確認したいですよね。参考書やテキストを使っていれば、項目ごとにテスト問題が載っていることが多いですが、苦手な項目については、もっとたくさん練習したいと思うこともあります。実はChatGPTも英文法の問題を作ることができます。しかも、プロンプト次第でさまざまな問題を用意してくれます。

たとえば、少し難しい文法項目である「仮定法過去」について練習するための問題を作ってもらいましょう。仮定法過去は、現実とは異なる仮定の状況を表すために使われるものでしたね。まずはChatGPTに、仮定法過去を学習するための4択問題を作ってもらいます。

仮定法過去を学習するための4択問題を4問作成してください。答えは最後にまとめて教えてください。

1.「もし私が彼だったら、彼女に話しかけるだろう。」を英語に訳すと次のうちどれになるでしょうか？
A. If I was him, I would talk to her.
B. If I were him, I would talk to her.
C. If I am him, I will talk to her.
D. If I had been him, I had talked to her.

2. 次のうち仮定法過去を正しく使っている文はどれでしょうか？
A. If she were taller, she could reach the shelf.
B. If she was taller, she could reach the shelf.
C. If she are taller, she could reach the shelf.
D. If she had been taller, she had reached the shelf.

3.「もし彼がもっと注意深ければ、彼は鍵を失くさなかっただろう。」を英語に訳すと次のうちどれになるでしょうか?
A. If he was more careful, he won't lose his keys.
B. If he is more careful, he wouldn't lose his keys.
C. If he were more careful, he wouldn't have lost his keys.
D. If he had been more careful, he hadn't lost his keys.

4. 次のうち仮定法過去を正しく使っている文はどれでしょうか?
A. If we was in your position, we would make the same decision.
B. If we were in your position, we would make the same decision.
C. If we are in your position, we will make the same decision.
D. If we had been in your position, we had made the same decision.

答え:
1. B
2. A
3. C
4. B

仮定法過去が正しく使われている英文を4択のなかから選ぶ問題を作ってくれました。プロンプトに「答えは最後にまとめて教えて」と書いたことで、全て解き終えてから解答チェックができるようになっています。

プロンプトの型

仮定法過去(1)を学習するための4択問題(2)を4問(3)作成してください。答えは最後にまとめて教えてください。(4)

---

(1) 学びたい文法項目を指定しましょう。
(2) 問題の形式を指定しましょう。形式を指定せずに「問題を作成してください」とすることもできます。
(3) 4問でなくても構いませんが、しっかり自分で解いて、正解も確認し、文法をじっくり学んでいけるようにしましょう。
(4) これを入れておくと、正解をまとめて最後に教えてくれるので、問題集として使いやすくなります。

47 文法の空所補充問題を作成してもらう

次は空所補充問題（穴埋め問題）を作成してもらいましょう。

仮定法過去を学習するための空所補充問題を４問作成してください。

1. "If he ______ (be) more patient, he could handle the situation better."
（もし彼がもっと忍耐強ければ、彼は状況をより上手く対処できるだろう。）

2. "She would be happier if she ______ (have) more free time."
（もし彼女がもっと自由な時間を持っていたら、彼女はもっと幸せになるだろう。）

3. "If we ______ (be) in their shoes, we would understand their challenges better."
（もし我々が彼らの立場だったら、我々は彼らの困難をより理解できるだろう。）

4. "You could buy that car if you ______ (be) rich."
（もし君が金持ちだったら、その車を買うことができるだろう。）

解答を教えてください。

もちろんです、以下に各問題の正解を示します。
1. "If he were more patient, he could handle the situation better."
「もし彼がもっと忍耐強ければ、彼は状況をより上手く対処できるだろう。」

2. "She would be happier if she had more free time."
「もし彼女がもっと自由な時間を持っていたら、彼女はもっと幸せになるだろう。」

3. "If we were in their shoes, we would understand their challenges better."
「もし我々が彼らの立場だったら、我々は彼らの困難をより理解できるだろう。」

4. "You could buy that car if you were rich."
「もし君が金持ちだったら、その車を買うことができるだろう。」

これらの答えは仮定法過去の形を正しく使用しています。具体的には、"be" 動詞の場合は "were" を、それ以外の動詞では過去形を使用します。ただし、このルールは主に形式的な文体や口語での強調表現において用いられます。日常的な会話では、"was" が "I" や "he","she","it" といった単数の主語に対しても使われることがあります。

空所の後ろの（ ）に動詞の原型があり、それを適切な形にして入れる、という問題を作ってくれました。答えについては、最初のプロンプトで指示をしそびれたとしても、このように、問題に続けて「解答を教えて」と言うだけで、ChatGPTが問題の答えを全て教えてくれます。

プロンプトの型

仮定法過去 (1) を学習するための空所補充問題 (2) を 4 問 (3) 作成してください。

---

(1) 学びたい文法項目を指定しましょう。
(2) 問題の形式を指定しましょう。形式を指定せずに「問題を作成してください」とすることもできます。
(3) 4 問でなくても構いませんが、しっかり自分で解いて、正解も確認し、文法をじっくり学んでいけるようにしましょう。

48 文法の誤り訂正問題を作成してもらう

次は誤りがある箇所を訂正する問題を作成してもらいましょう。

仮定法過去を学習するための文法の誤りを訂正する問題を4問作成してください。

もちろんです。以下に仮定法過去を学習するための文法の誤りを訂正する問題を4問作成しました。

1. "If I was a bird, I would fly to the sky."
（もし私が鳥だったら、私は空に飛んでいくだろう。）

2. "If she were taller, she can reach the shelf."
（もし彼女が背が高ければ、彼女は棚に手が届くだろう。）

3. "If we was in your position, we would make the same decision."
（もし我々があなたの立場だったら、我々は同じ決定を下すだろう。）

4. "You could buy that car if you is rich."
（もし君が金持ちだったら、その車を買うことができるだろう。）

解答を教えてください。

もちろんです、以下に各問題の正解を示します。

1. "If I were a bird, I would fly to the sky."
「もし私が鳥だったら、私は空に飛んでいくだろう。」

2. "If she were taller, she could reach the shelf."
「もし彼女が背が高ければ、彼女は棚に手が届くだろう。」

3. "If we were in your position, we would make the same decision."
「もし我々があなたの立場だったら、我々は同じ決定を下すだろう。」

4. "You could buy that car if you were rich."
「もし君が金持ちだったら、その車を買うことができるだろう。」

これらの答えは仮定法過去の形を正しく使用しています。具体的には、"be" 動詞の場合は "were" を、それ以外の動詞では過去形を使用します。ただし、このルールは主に形式的な文体や口語での強調表現において用いられます。日常的な会話では、"was" が "I" や "he","she","it" といった単数の主語に対しても使われることがあります。また、仮定法では "can" の代わりに "could" を使用します。

文法の誤りを訂正する問題では、ChatGPT が文法的に間違った英文を出してきますので、その中からおかしい箇所を見つける、という内容です。if 節の動詞が were でなければならないところが was になっていたり、if 節の後の節で could を用いるべきところが can になっていたりしますね。

プロンプトの型

仮定法過去 (1) を学習するための文法の誤りを訂正する問題 (2) を4問 (3) 作成してください。

---

(1) 学びたい文法項目を指定しましょう。
(2) 問題の形式を指定しましょう。形式を指定せずに「問題を作成してください」とすることもできます。
(3) 4問でなくても構いませんが、しっかり自分で解いて、正解も確認し、文法をじっくり学んでいけるようにしましょう。

49 並べ替え問題を作成してもらう

次は並べ替え問題を作成してもらいましょう。

仮定法過去を学習するための並べ替え問題を 4 問作成してください。

もちろんです、以下に仮定法過去を学習するための並べ替え問題を 4 問作成しました。

1. "fly / if / to / I / the / could / moon / I / were / an / astronaut."
（もし私が宇宙飛行士だったら、月に飛ぶことができるだろう。）

2. "if / doctor / I / a / treat / I / the / could / patient / were."
（もし私が医者だったら、患者を治療することができるだろう。）

3. "we / go / to / could / we / beach / if / the / were / summer."
（もし夏だったら、私たちはビーチに行けるだろう。）

4. "if / a / millionaire / I / could / buy / mansion / were / I / a."
（もし私が億万長者だったら、私は豪邸を買うことができるだろう。）

解答を教えてください。

もちろんです。以下に各問題の正解を示します。

1. "If I were an astronaut, I could fly to the moon."
（もし私が宇宙飛行士だったら、月に飛ぶことができるだろう。）

2. "If I were a doctor, I could treat the patient."
（もし私が医者だったら、患者を治療することができるだろう。）

3. "If it were summer, we could go to the beach."
（もし夏だったら、私たちはビーチに行けるだろう。）

4. "If I were a millionaire, I could buy a mansion."
（もし私が億万長者だったら、私は豪邸を買うことができるだろう。）

これらの答えは仮定法過去の形を正しく使用しています。

並び替え問題は、他の問題に比べて難易度が高めですね。仮定法過去の文法的な部分を理解していても、それ以外の部分も含めて英文全体を組み立てなければならないからです。でも、こうした並び替え問題は、自分で正しい英文を作る良い練習になります。

プロンプトの型

仮定法過去 (1) を学習するための並べ替え問題 (2) を４問 (3) 作成してください。

---

(1) 学びたい文法項目を指定しましょう。
(2) 問題の形式を指定しましょう。形式を指定せずに「問題を作成してください」とすることもできます。
(3) ４問でなくても構いませんが、しっかり自分で解いて、正解も確認し、文法をじっくり学んでいけるようにしましょう。

このようにChatGPTを使えば、よくある形式で文法確認のテストをすることができるのです。ここまで４つの問題形式を紹介しましたが、自分の好きなタイプのものを選んだり、学習する文法によって問題形式を変えてみるなど、工夫して使ってみてください。

巻末付録

英語学習を10倍加速する ChatGPT プロンプトリスト

本書で紹介した ChatGPT へのプロンプト（指示文）をまとめて掲載します。また、このプロンプトリストは以下のウェブサイトからもダウンロードしていただけます。Excel 形式・Google スプレッドシート形式でお使いいただけます。そのままコピー＆ペーストができて便利ですので、ぜひご活用ください。

ダウンロード用ウェブサイト URL

https://pbook.info/chatgpt-english

以下の QR コードを読み込むことで、ウェブサイトを開くことができます。

No	活用法	プロンプト
1	英会話を無限に楽しむ	英会話の練習をしましょう。 ・あなたの名前は Jenny です。 ・私の名前は Keiko です。 ・1 回の会話は 50 ワード以内にしてください。 ・夏の予定について話しましょう。 ・あなたは Jenny としての発言だけをしてください。 それでは、あなたから英語の会話を始めてください。
2	わからない単語を質問しながら英会話をする	specific とはどういう意味ですか？日本語で教えてください。
3	英語表現を教えてもらいながら英会話をする	「食べ歩きをするのが楽しみです」は英語でなんと言いますか？
5	会話をしながら英語の誤りを指摘してもらう	英語で会話をしましょう。 ・あなたの名前は Jenny です。 ・私の名前は Keiko です。 ・私が英語のミスをするたびに、どんなミスをしたのか、どう直せばいいのか教えてください。 ・ミスの指摘の後は、また英語で会話を続けてください。 ・1 回の会話は 50 ワード以内にしてください。 ・夏の予定について話しましょう。 ・あなたは Jenny としての発言だけをしてください。 それでは、あなたから英語の会話を始めてください。

No	活用法	プロンプト
6	「より自然な英語表現」を教えてもらう	英語で会話をしましょう。 ・あなたの名前は Jenny です。 ・私の名前は Keiko です。 ・あなたは私の英語の先生として、私の発言について、他の単語での言い換えや、より自然な表現を提案してください。 ・その提案の後、英語での会話を続けてください。 ・1 回の会話は 50 ワード以内にしてください。 ・夏の予定について話しましょう。 ・あなたは Jenny としての発言だけをしてください。 それでは、あなたから英語の会話を始めてください。
7-1	会話文を作ってもらう	以下の設定で、アメリカの空港での入国審査の会話文を英語で作ってください。 ・入国審査で聞かれる可能性があることを 5 問入れてください。 ・審査官はフレンドリーに話してください。 ・旅行者は日本人で、友人の家に 4 泊宿泊する予定です。

No	活用法	プロンプト
7-2	会話文を作ってもらう	以下の設定で、オンライン会議における英語の会話文を作ってください。 ・会話をしているのは製薬企業のマーケティング部のメンバーです。 ・アメリカ本社からは CFO の David と部下の Katy の 2 人が出席しています。 ・東京支社からは Maya, Takashi の 2 人が出席しています。 ・前回の会議では、来期のマーケティング施策についての課題を確認しました。 ・今回の会議では、それぞれの課題について、アクションプランを立てます。 ・週 1 回、このメンバーで定例会議を開催しています。
8	表現の意味や他の使い方を教えてもらう	Let's reconvene とはどのような意味ですか？どのような場面で使うことができますか？
9	ロールプレイをする	あなたと私はホテルのチェックインのロールプレイを英語で行います。以下の条件を守って発言してください。 条件： ・あなたの名前は John です。 ・私の名前は Keiko です。 ・あなたはシンガポールのアジアパシフィックホテルのフロントです。私は宿泊客です。 ・あなたは John としての発言だけをしてください。 ・1 回の発言は 50 ワード以内にしてください。
10	瞬間英作文の練習をする	"May I ～？" を使った、シンプルな英文を 5 個作ってください。それぞれの英文の前に日本語を載せて、表形式で作成してください。

No	活用法	プロンプト
11	英語の長文を作ってもらう	「イギリスの文化」に関する200ワードくらいの英文を作ってください。
12-1	英語の長文を翻訳してもらう	日本語に訳してください。
12-2	英語の長文を翻訳してもらう	以下のURLの文章を翻訳してください。 （URLを貼り付け）
13	英語の長文の中の文法を解説してもらう	次の英文の文法を解説してください。 （英文を貼り付け）
14	英語のレベルを指定して長文を作ってもらう	200ワード程度のCEFR B1レベルの「豊かな生活を送るために」というテーマの英文を作ってください。
15	リーディング力アップのためのボキャビル	「AIの進化で人間の役割はどう変化するか」というテーマで150ワード程度の英文を作ってください。 使われている英単語の中で、難しい単語のリストを作ってください。英語、日本語の表形式にしてください。
16	レベルを指定して英文を書き換えてもらう	以下の英文をCEFR A1レベルの英語に書き換えてください。 （英文を貼り付け）
17	英語の長文を要約してもらう	以下の英文を英語で要約してください。 （英文を貼り付け）

No	活用法	プロンプト
18	子ども向けに英語で 物語を作ってもらう	4歳児向けの物語を300ワード程度の英文で作ってください。 ・主人公の名前はHarutoです。 ・物語の中で、電車、恐竜、りんご、お気に入りのリュックを出してください。 ・冒険のストーリーにしてください。 ・ハッピーエンドにしてください。
19	ライティングのお題を 出してもらう	英語のライティング練習のお題を出してください。
20	ライティングを添削して もらう	以下の英文を添削して、添削した箇所と添削した理由を表形式で教えてください。添削した理由は日本語で書いてください。 （英文を貼り付け）
21	ライティングに使える表現 を教えてもらう	英語の日記のライティングに使える便利な表現を10個教えてください。
22	特定の表現を使った例文 を作成してもらう	"On a positive note,..."を使った英文を3個作成してください。
23	英語のメールを作って もらう	来週の会議の参加者を顧客に確認するメールを英語で作ってください。
24	状況や丁寧さを指定して 書き換えてもらう	以下の英文を顧客宛のフィードバックの文面としてふさわしくなるように書き換えてください。 （英文メールを貼り付け）
26	長文を作ってリスニング 練習	リスニング練習に使う200ワード程度の英文スクリプトを作成してください。 ・TOEIC Part4に出てきそうな美術館の館内アナウンスにしてください。 ・CEFR B2レベルの単語を含めてください。 ・日本語訳も出力してください。
27	苦手な音を聞き取る練習	LとRの発音を聞き分ける練習をしたいので、その2つを含む英文を10個作ってください。

No	活用法	プロンプト
28	リスニング力アップのための発音練習	英語の発音練習のために、短い文を10個作成してください。 海外旅行で使いそうな英文にしてください。
29	覚えるべき単語を教えてもらう	美術館でよく使われる難しめの英単語を教えてください。
30	単語の語源を教えてもらう	appropriate の語源を教えてください。また、同じ語源を持つ英単語を教えてください。
31	似た意味の単語の使い分けを教えてもらう	notice, realize, recognize はどのように使い分ければいいですか？
32	単語の同義語、対義語を教えてもらう	practical の同義語と対義語を教えてください。
33	指定した単語を含む英語の例文を作ってもらう	次の単語を使った英文を一つずつ作ってください。 日本語訳も教えてください。 （単語を貼り付け）
34	単語テストを作ってもらう	英語の4択の空欄補充テストを作ってください。 ・選択肢のうち1つだけ正解で、他の3つは不正解になるようにしてください。 ・以下のいずれかの単語が正解になるようにしてください。 ・正解は最後にまとめて教えてください。 （問題の正解にしたい英単語を貼り付け）
35	特定の試験に出てきそうな単語を教えてもらう	英検準1級に出てきそうな単語を30個教えてください。 ・日本語の意味も付けてください。 ・表形式で出力してください。

No	活用法	プロンプト
36	長文と４択内容確認問題を作ってもらう	TOEIC の Part7 に出てきそうな英語の長文を300ワード程度で作ってください。 ・その英文の内容を確認する４択の問題を３問作ってください。 ・選択肢のうち１問だけが正解で、他の３問は不正解になるようにしてください。 ・正解は最後にまとめて教えてください。
37	長文と４択穴埋め問題を作ってもらう	英検準１級に出てきそうな英語の200ワード程度の長文の空欄補充問題を作ってください。 ・一つの長文の中で、空欄を３箇所作り、それぞれ４択の問題を作ってください。 ・選択肢のうち１問だけが正解で、他の３問は不正解になるようにしてください。 ・単語を補充する問題と、文の一部を補充する問題を混ぜてください。 ・正解は最後にまとめて教えてください。
38	短文の４択穴埋め問題を作ってもらう	以下のような形式と難易度で、TOEIC Part5 の問題を10問作ってください。 ・選択肢のうち１問だけが正解で、他の３問は不正解になるようにしてください。 ・答えは最後にまとめて教えてください。 （TOEIC Part5 のサンプル問題を貼り付け）
39	問題の解説をしてもらう	（2）の答えが「B. disrupt natural evolution」になる理由を詳しく解説してください。 他の選択肢が間違いである理由も詳しく教えてください。

No	活用法	プロンプト
40	試験用のライティングのお題を出してもらう	以下のような形式で、英検1級に出てきそうなライティングのトピックを5つ作ってください。トピックは「Agree or disagree:」で始めてください。 （トピック例を貼り付け）
41	試験用のスピーキングのお題を出してもらう	以下のような形式と難易度で、TOEIC Speakingテストの「意見を述べる問題」に出題されそうな英語のスピーキング問題のお題を出してください。解答例も付けてください。 （問題の例を貼り付け）
42	難しい文の文法解説をしてもらう	以下の英文の文法を解説してください。 （英文を貼り付け）
43	文法を教えてもらう	仮定法について教えてください。
44	文法の例文を作成してもらう	仮定法過去が使われている例文を5つ作ってください。
45	文法が正しく使えているかを聞く	次の英文は仮定法過去を正しく使えていますか？日本語で教えてください。 （英文を貼り付け）
46	文法の4択問題を作成してもらう	仮定法過去を学習するための4択問題を4問作成してください。答えは最後にまとめて教えてください。
47	文法の空所補充問題を作成してもらう	仮定法過去を学習するための空所補充問題を4問作成してください。

No	活用法	プロンプト
48	文法の誤り訂正問題を作成してもらう	仮定法過去を学習するための文法の誤りを訂正する問題を4問作成してください。
49	並べ替え問題を作成してもらう	仮定法過去を学習するための並べ替え問題を4問作成してください。

ChatGPT 以外の使える AI ツール

自然言語

Bing、Bard、Perplexity、Elicit、Claude

画像

Bing Image Creator、Canva、Midjourney、Stable Diffusion、Leonardo.Ai

ライティング

Notion AI

文字起こし

Whisper、otter.ai、Notta、CLOVA Note

音声合成

ElevenLabs、NaturalReader、Amazon Polly

動画作成

Creative Reality Studio（D-ID）、Synthesia

翻訳・添削

DeepL、DeepL Write

英語学習

ELSA、Speak、Chat.D-ID

AI 革命シリーズ読者専用グループ

『AI 仕事革命』『AI 英語革命』の読者専用グループ（Facebook のプライベートグループ）にぜひご参加ください。本書の内容に関連するご質問に著者の谷口恵子がお答えします。また、ChatGPT やその他の AI 活用について関心のある読者の皆様同士で情報交換をしていただけます。

https://www.facebook.com/groups/796140348908998

ChatGPT・AI 活用コミュニティ

著者の谷口恵子が主宰する「ChatGPT・AI 活用コミュニティ」への参加はこちらからどうぞ。ChatGPT やその他の生成 AI を活用したい皆さん、AI とともに生きる未来をより良くしたいと考える皆さんを歓迎します。

https://www.facebook.com/groups/548266103946448

Facebook で「ChatGPT」で検索していただくと見つかります。

おわりに

本書を読んでくださって、本当にありがとうございます。

この本に興味を持ってくださったということは、ChatGPT を活用して英語力を上げる方法を知りたい、と思っていらっしゃる方だと思います。本書を読んで、これを使ってみよう、と思う活用法に出会えたでしょうか。または、私ならこう使えそうだ、と新たな発想を得られたでしょうか。あなたがChatGPT を活用し、英語力をこれまで以上のスピードで伸ばしていける方法に出会うきっかけとなったなら、とても嬉しいです。
英語をどんなことに使えるようになりたいのか、どんなスキルを伸ばしたいのかは人それぞれです。ぜひ、本書を参考に、自分の目的に合ったChatGPT の活用法、そして「楽しめる ChatGPT との付き合い方」を見つけてください。

他の本でもお伝えしていますが、英語学習では「ワクワク」を見つけることがとても大事です。「これなら続きそう」「この方法なら楽しめる」と思える方法に出会えると、自然と英語に触れる時間が長くなり、効果も出やすくなります。ChatGPT と一緒に英語学習をすることで、この自分にとっての「ワクワク」をそれぞれの人が見つけられる可能性がグンと高まりました。それぞれの人のニーズに沿って、ChatGPT が先生になってくれたり、英会話の練習相手になってくれたり、英語ネイティブの友だちになりきってくれたりします。また、自分が本当に使いそうなシチュエーションに合わせた、実践的な練習や準備ができるようになります。英会話だけでなく、自分が苦手な分野に絞った文法問題をたくさん解いたり、リスニングやリーディング、ライティングのトレーニングもできます。この「学びの個別化」によって、ChatGPT は英語学習の最適な伴走者になってくれるのです。

ただ、ChatGPT をうまく活用するために、覚えておいていただきたいことがあります。ChatGPT には「自分からニーズを伝える必要がある」ということです。「こういう目的を叶えたい」「こういうシチュエーションの練習がしたい」といったことを、ChatGPT にできるだけ具体的に伝えましょう。そして、自分だけの先生、英語学習コーチになってもらいましょう。

私は 2023 年 1 月に ChatGPT に出会いましたが、それから、色々な活用法を思いつき、YouTube などで発信してきました。自分自身の活用法もどんどん広げていっています。英語学習だけでなく、仕事にもかなり活用できるので、仕事の仕方が ChatGPT に出会う前とガラリと変わりました。本書では英語学習に関する活用法に絞ってお伝えしましたが、同時発売の『AI 仕事革命 ChatGPT で仕事を 10 倍効率化』では、ChatGPT をさまざまな仕事に活用する方法をお伝えしています。

ChatGPT の活用法は、実際に使い始めると、どんどん思いつきます。ChatGPT だけではありませんが、こうした自然言語による文章生成 AI の使い方はある意味、無限大です。本書で紹介した方法に限らず、自分なりの使い方をぜひ見つけてみてください。そして、これからもその好奇心と柔軟な心を大事にして、AI 共生時代を楽しみながら、ともに生きていきましょう。

最後に、本書の出版にあたって、お世話になった皆様に御礼を申し上げます。本書の出版を勧めてくださった本間正人先生、動画コースの制作をサポートしてくださった Udemy・ベネッセの皆さん、ChatGPT・AI 活用コミュニティの皆さん、そして、出版社プチ・レトルのメンバーで、本書の執筆をサポートしてくれた小森優香さん、DTP をしてくれた玉村菜摘さん、代表の谷口一真（夫）。皆さんの応援、サポートなしには本書の出版はできませんでした。本当にありがとうございます。

本書が、皆さんの英語学習に革命を起こすきっかけになることを願って。

2023 年 7 月吉日
谷口 恵子

谷口恵子の著書のご案内

『AI 仕事革命 ChatGPT で仕事が 10 倍効率化』

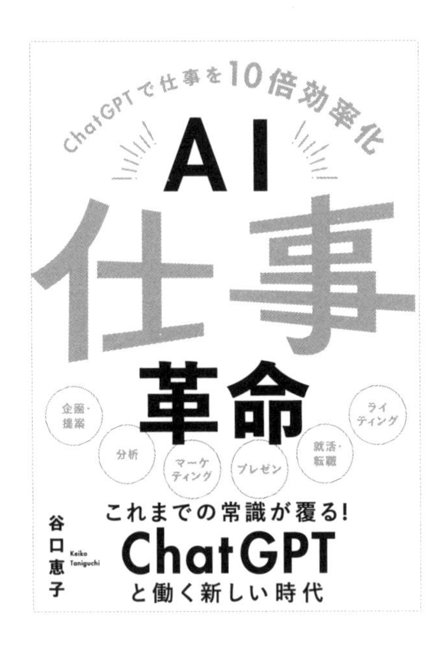

これまでの常識が覆る！
ChatGPT と働く新しい時代

3 間かかっていた資料作成が 15 分に！
9 時間かかっていた分析が 6 分に！
ChatGPT を活用して生産性 UP！

アイディア出し／企画・提案／分析／
情報整理／メール作成／マーケティング・
PR ／プレゼン／転職対策／ IT ／
コミュニケーション

AI を活用した未来の働き方を紹介。
ビジネスを次のレベルへ。

第 1 章　ChatGPT の衝撃
第 2 章　ビジネス全般に活用しよう
第 3 章　企画・提案に活用しよう
第 4 章　情報整理に活用しよう
第 5 章　マーケティング・PR に活用しよう
第 6 章　転職・面接対策に活用しよう
第 7 章　プレゼンで活用しよう
第 8 章　コミュニケーションに活用しよう
特別付録　仕事を 10 倍効率化する ChatGPT プロンプトリスト

『3ヶ月で英語耳を作る シャドーイング 改訂版』

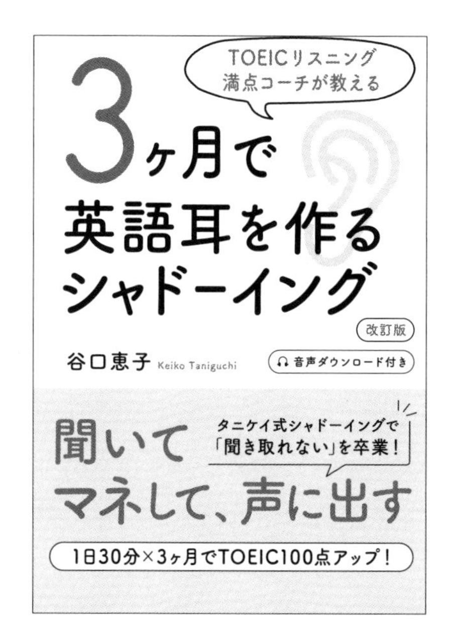

「リスニング力を上げたいけど、何をしたらいいのかわからない」「毎日英語をたくさん聞いているのに、聞き取れるようにならない」「知っている単語なのに聞き取れないことが多い」

そんなあなたにぜひ試してほしい
英語のリスニングトレーニングの
決定版！

「リスニング力だけでなく英語力全体が伸びる」「毎日効果を実感できるので続けやすい！」「英語のレベルや目的を問わず、誰でも取り組めて成果を出せる！」タニケイ式シャドーイングを今日から始めましょう。

『1ヶ月で洋書が読める タニケイ式英語リーディング 改訂版』

「いつか洋書を読んでみたいけど、量が多くて大変そう」「洋書を買ってみたものの、知らない単語が多くて読めなかった」「何度も洋書に挑戦しているけど、途中で挫折してしまう」

そんな方は、1日30分×1ヶ月の速読トレーニングで「洋書を1冊読み切れる力」を身に付けましょう。
洋書に限らず、英語の雑誌記事やウェブサイトのニュース記事など、量の多い英文がすらすら読めるようになります。

オー・ヘンリーの短編5作ですぐに速読トレーニングを始められます!

第1章　タニケイ式リーディングで洋書が読めるようになる
第2章　英語の読み方を変える1ヶ月集中速読トレーニング
第3章　今日から使える速読トレーニング実践用教材
第4章　ボキャビルで洋書に必要な単語力をつけよう
第5章　実践洋書リーディングで読書体力を上げていく
特別付録　洋書を読むためにまず覚えるべき厳選1000単語リスト

『1日10分！楽して伝わる
タニケイ式英語発音トレーニング』

単語一つ一つの発音の精度を上げるよりも、一つの文で英語らしく聞こえることが、「伝わる発音」への近道！本書では、発音記号を一から丁寧に解説する従来の発音練習とは異なる、より効率的で実践的なトレーニング方法をご紹介します！

(1) 1日10分・3ステップのタニケイ式発音トレーニング！
(2) 効率のよい文単位で発音練習！
(3)「発音の5要素」をマスターして英語らしさをアップ！

持ち歩ける発音記号一覧表付き。

AI 英語革命

ChatGPT で英語学習を 10 倍効率化

2023 年 8 月 29 日　第 1 刷発行
2023 年 12 月 15 日　第 2 刷発行

著者　谷口 恵子
発行者　谷口 一真
発行所　リチェンジ
〒115-0044 東京都北区赤羽南 2-6-6 スカイブリッジビル B1F

編集　小森 優香
DTP　小森 優香／玉村 菜摘
カバーデザイン　喜來 詩織（エントツ）
印刷・製本　中央精版印刷株式会社
発売元　星雲社（共同出版社・流通責任出版社）
〒112-0005 東京都文京区水道 1-3-30
TEL：03-3868-3275

ISBN978-4-434-32529-8　C0082